Mauro Tumler

Mountainbiken am Gardasee

Die schönsten Touren am Gardasee mit Seeumrundung

TAPPEINER.

KARTENMATERIAL

Tour 1, 2, 4, 37, 38, 39, 40
TAPPEINER, 109, Kombinierte Wanderkarte Gardasee, 1:25.000

Tour 1, 2, 3, 4, 5
TABACCO, Blatt 055, Valle del Sarca – Arco – Riva del Garda; KOMPASS, Blatt 690, Alto Garda e Ledro, 1:25.000

Tour 6, 7, 8, 9, 10, 11, 12, 13, 14, 17, 18, 19
TABACCO, Blatt 055, Valle del Sarca/Arco – Riva del Garda, 1:25.000

Tour 15, 16, 44
KOMPASS, Blatt 691, Monte Baldo Nord, 1:25.000

Tour 20
KOMPASS, Blatt 690, Alto Garda e Ledro; KOMPASS, Blatt 691, Monte Baldo Nord, 1:25.000

Tour 21, 22, 31, 34, 35, 36, 37, 38, 39, 40, 42
KOMPASS, Blatt 694, Parco Alto Garda Bresciano, 1:25.000

Tour 23, 24, 43
KOMPASS, Blatt 691, Monte Baldo Nord; KOMPASS, Blatt 692, Monte Baldo Sud, 1:25.000

Tour 25, 26, 27, 28, 29
KOMPASS, Blatt 692, Monte Baldo Sud, 1:25.000

Tour 30
KOMPASS, Blatt 695, Basso Garda – Gardasee Süd, 1:25.000

Tour 32, 33, 45
KOMPASS, Blatt 695, Basso Garda – Gardasee Süd; KOMPASS, Blatt 694, Parco Alto Garda Bresciano, 1:25.000

Tour 41, 42, 43, 44
KOMPASS, Blatt 690, Alto Garda e Ledro, 1:25.000

Vorwort

Müsste man den Gardasee, sein mediterranes Klima, die einmalige Berglandschaft, die Küste mit ihren malerischen Dörfern und Hafenstädtchen, das ruhige Hinterland, Geschichte, Kultur, Flora und Fauna beschreiben, würde man ein eigenes Buch dafür benötigen. Alleine schon das Ausmaß dieses größten Sees Italiens ist beeindruckend: 51,6 Kilometer lang, 17,2 Kilometer breit, einen Umfang von fast 160 Kilometern mit einer maximalen Tiefe von 346 Meter sowie einer mittleren Höhe über den Meerspiegel von 65 Meter.

Der „Lago", wie er auch von Touristen genannt wird, ist wohl der größte „Freizeitpark" Europas; wo kann man sonst noch baden, biken, Rad fahren, klettern, segeln, surfen, wandern, paragleiten, kiten … und in den schneereichen Wintern am Monte Baldo und auf dem Altissimo auch Ski fahren und Skitouren unternehmen.

Von März bis Oktober ziehen die Ortschaften Arco, Riva del Garda, Torbole, Limone, Salò, Malcesine, Bardolino, Lazise Abertausende von Freizeitsportlern an. In den engen, verwinkelten Gassen, auf den schmalen Küstenstraßen, aber auch auf den „klassischen" Bikerouten kann es dann schon mal eng werden. Wer etwas Ruhe sucht, sollte Touren auf den Hochebenen von Brentonico, Tremosine und Tignale aussuchen; gute Fahrtechniker können sich auf den kniffligen Abfahrten vom Monte Baldo, Altissimo und Tremalzo austoben, Genießer finden im Sarcatal, rund um Riva del Garda, auf den Moränenhügeln von Salò und im Süden gemütlichere Radtouren. Bei vielen Routen sind die Auf- und Abfahrten extrem ausgesetzt, Forstwege bis zu 30 % steil und betoniert, Wege und Pfade vom Regenwasser ausgewaschen, und loses Geröll in der Fahrbahn fast Standard. Eigentlich keine gute Voraussetzungen für ein Mountainbike-Gebiet, ich glaube aber, dass genau diese Eigenheit, gepaart mit den atemberaubenden Panoramen, dem guten Essen, dem Wein und dem milden Klima nahezu das ganze Jahr über der Schlüssel zum Erfolg dieses Sees sind.

Die Tourenauswahl dieses MTB-Guides führte mich in noch unbekannte Orte, ich traf nette Menschen, hörte viel Wissenswertes und erlebte viele Abenteuer. Ich hoffe, dass ich mit diesem MTB-Führer bei vielen Bike-Fans die Neugier auf diesen einmaligen See entfachen kann!

Ihr Mauro Tumler

Allgemeine Hinweise und Informationen

Das Tourengebiet dieses MTB-Guides umfasst den nördlichen, westlichen, östlichen und südlichen Gardasee:

› Der nördliche Teil liegt in der Region Trentino-Südtirol, er umfasst die Gebiete Torbole und Umgebung, Riva del Garda und Arco, den Ledrosee mit Tremalzo, das Sarcatal bis zum Toblinosee, das Hochplateau des Grestatales und die Hochebene von Brentonico am Fuße des Monte Altissimo.

› Der östliche Teil befindet sich vorwiegend in der Region Venetien, er erstreckt sich von Malcesine bis Cisano, deckt das ganze Plateau um Albisano, San Zeno di Montagna und Prada ab und endet auf der Ostseite der Monte-Baldo-Gruppe, etwa beim Übergang Bocca di Navene.

› Der westliche Teil hingegen liegt in der Region Lombardei, beginnt bei den Moränenhügeln der Valtenesi und zieht sich Richtung Norden nach Salò zum Monte Pizzocolo und Toscolano-Maderno, zum Val Costa im Hinterland, zu den Hochebenen von Tignale und Tremosine bis an die Grenze zum Trentino.

› Den Süden des Gardasees umrundet man in zwei Tagesetappen. Die erste Etappe beginnt in Toscolano-Maderno und führt über die sanfte Hügellandschaft bis Desenzano del Garda. Der zweite Abschnitt quert den Naturpark des Mincio bis Peschiera und endet nördlich in Garda.

Die meisten Schutzhütten (rifugi) sind in den Sommermonaten bewirtschaftet, in der Vor- und Nachsaison öffnen viele auch übers Wochenende, Informationen über die Öffnungszeiten sollte man am besten vor dem Start einholen. Bei mehreren Touren fehlen Schilder, Hinweistafeln oder sonstige Anhaltspunkte. Unwegsames Gelände und ein ständiger Richtungswechsel erschweren noch zusätzlich die Orientierung, dort sollte man sich dem GPS-Track anvertrauen. Lokale Fahrverbote müssen natürlich respektiert werden, im Trentino werden sporadisch auch Strafen verhängt. Die Angaben zum Schwierigkeitsgrad, der Fahrzeit sowie der Kondition sind reine Richtwerte und Fahrbares kann unfahrbar werden, Fahrzeiten verkürzt oder verlängert werden, nehmen sie es sportlich!

Tourenzeit
Die klassische Tourenzeit am Gardasee beginnt im März und endet im Oktober. Durch das milde Klima und der niedrigen Starthöhe können aber viele Touren ganzjährig befahren werden. In den bis zu 2000 Meter hohen Bergen kann man nach schneereichen Wintern auch noch im Mai auf Schnee stoßen, ein Weiterkommen ist dort oft unmöglich, teilweise sogar gefährlich. Die Seeumrundung sollte deshalb erst ab Juni unternommen werden.

Kartenmaterial
Tappeiner, 1:25.000
Tabacco, 1:25.000
Kompass, 1:25.000

Ausrüstung und Material
Mountainbike oder E-Bike mit Stollenreifen (voll- oder teilgefedert), Rucksack, Trinkflasche, Sonnenschutzmittel, Helm, Handschuhe, Brille, Regenschutz, Wechselkleidung, Kartenmaterial, Handy, Erste-Hilfe-Set, Multifunktionswerkzeug, Luftpumpe, Reserveschlauch, Flickwerkzeug, Reservebatterien für GPS-Gerät, Stirnlampe für die kurzen Herbsttage, Reservebremsbacken für Mehrtagestouren.

GPS-Daten
Alle Informationen zu den Touren findet man unter www.sentres.com/de/buch/mountainbike-gardasee oder über den entsprechenden QR-Code bei jeder Tour.

Notrufnummern für Trentino-Südtirol/Venetien/Lombardei
118 Rettungsdienst
112 Carabinieri
113 Polizei
115 Feuerwehr

Verhaltensregeln

Wir sind Gäste der Natur
› Fahre nur auf markierten Wegen und Pfaden
› Respektiere die lokalen Fahrverbote
› Nimm Rücksicht auf Weide- und Wildtiere

Fußgänger und Wanderer haben Vorfahrt
› Kündige deine Vorbeifahrt an
› Richte deine Geschwindigkeit nach der Situation

Hinterlasse keine Spuren
› Vermeide Anfahrts- bzw. Bremsspuren
› Nimm deine Abfälle mit
› Meide Trailabfahrten nach starken Regenfällen

Denk an deine Sicherheit
› Plane deine Touren im Voraus
› Prüfe deine Ausrüstung
› Fahre nicht über deine Verhältnisse

1 VON RIVA DEL GARDA NACH PREGASINA

Start und Ziel:
Riva del Garda, 70 m

Höchster Punkt:
Pregasina, 532 m

Strecke: 13 km

Höhenmeter bergauf: 445 m

Höhenmeter bergab: 445 m

Zeit: 1–1 ½ Std.

Schwierigkeit: ●●●●●

Kondition: ●●●●●

Uphill: ●●●●●

Downhill: ●●●●●

Tourenmonate: ganzjährig

Kartenmaterial: Tabacco, Blatt 055, Valle del Sarca – Arco – Riva del Garda; Kompass, Blatt 690, Alto Garda e Ledro

Anfahrt:
Brennerautobahn A22, Ausfahrt Trento Nord, Sarcatal, Riva del Garda

Brennerautobahn A22, Ausfahrt Rovereto Sud, Mori, Torbole, Riva del Garda

Dieser Halbtagesausflug am nördlichen Gardasee ist der Klassiker schlechthin. Eine ideale Tour zum Einstimmen, nicht zu lang, nicht zu steil, auch für Familien mit Kindern geeignet. Die zum See steil abfallenden Wände, das Panorama auf den See und die nördliche Monte-Baldo-Gruppe gegenüber, lassen einem wortwörtlich den Atem stocken. Viele Wanderungen und mehrere Klettersteige zweigen direkt von der Ponalestraße ab. In den Sommermonaten trifft man deshalb auf dieser Strecke nicht nur scharenweise Biker, sondern auch Bergläufer und Wanderer.

Gleich nach dem Hafen von Riva del Garda, vor dem 1. Tunnel der westlichen Gardesana beginnt der Aufstieg bis zum Tagesziel. Bis zu der im Jahre 2014 renovierten Terrassenbar „Ponale Alto" wurde die ehemalige Zufahrtsstraße nach Pregasina mit Schotter und Erdhügeln verbaut. Der letzte Teil schlängelt sich auf asphaltierter Straße bergwärts. Die Abfahrt erfolgt auf derselben Strecke. Einige Kehren sind nur dürftig abgesichert, auch bezüglich des Gegenverkehrs ist äußerste Vorsicht geboten.

Tourenbeschreibung

Vom Hafen in ❶ Riva del Garda (70 m) folgt man in südlicher Richtung etwa 500 m der „westlichen Gardesana"; kurz vor dem Tunnel beginnt der Aufstieg auf dem „Sentiero del Ponale". Nach etwa 3 km erreicht man die Terrassenbar „Ponale Alto". Bei der darauffolgenden Kreuzung links dem Wegweiser nach Pregasina folgen. Eine asphaltierte Bergstraße schlängelt sich mit etlichen Serpentinen bis zur ❷ Einmündung in die SP 234. Direkt beim Tunnelportal biegt man links ab und folgt der Straße bergauf bis nach ❸ Pregasina (532 m). Die Rückfahrt bis Riva del Garda erfolgt auf derselben Strecke.

Sentiero del Ponale

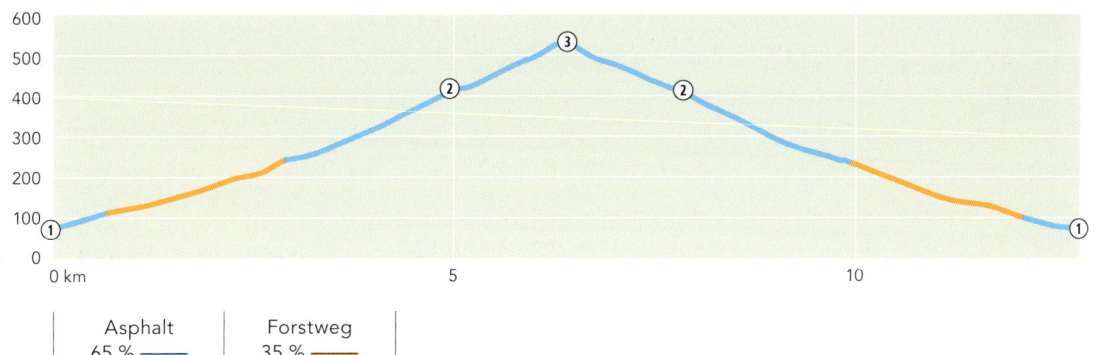

2   VON RIVA DEL GARDA ZUM LEDROSEE

Start und Ziel:
Riva del Garda, 70 m

Höchster Punkt:
Pur, 662 m

Strecke: 30 km

Höhenmeter bergauf: 700 m

Höhenmeter bergab: 700 m

Zeit: 3–4 Std.

Schwierigkeit: ●●○○○○

Kondition: ●●●○○○

Uphill: ●●●○○○

Downhill: ●●○○○○

Tourenmonate: April–November

Kartenmaterial: Tabacco, Blatt 055, Valle del Sarca – Arco – Riva del Garda; Kompass, Blatt 690, Alto Garda e Ledro

Anfahrt:
Brennerautobahn A22, Ausfahrt Trento Nord, Sarcatal, Riva del Garda

Brennerautobahn A22, Ausfahrt Rovereto Sud, Mori, Torbole, Riva del Garda

Sentiero del Ponale

Der Ledrosee ist vor allem durch seine archäologischen Funde bekannt geworden. Im Jahre 1929 wurden bei Grabungsarbeiten Reste von Pfahlbauten aus der Bronzezeit entdeckt. Interessante Fundstücke und einige wiedererrichtete Pfahlbauten können heute im direkt am See gelegenen Museum besichtigt werden. Auch Mountainbiker haben bereits vor etlichen Jahren diesen malerischen Bergsee für sich „entdeckt". Viele Strecken wurden mittlerweile musterhaft ausgeschildert.

Gemütliche Mountainbiketour mit einmaligen Panoramen: meist auf Radrouten und verkehrsarmen Nebenstraßen, mit keinen nennenswerten technischen Schwierigkeiten. Nur nach der Ortschaft Pre würzen zwei steilere, asphaltierte Anstiege diese Tour. Etwas Vorsicht ist bei der Abfahrt ab der Terrassenbar „Ponale Alto" geboten. Auf der schmalen, mit Erdhügeln versehenen Bergstraße ist meist reger Gegenverkehr, einige Kehren sind nur dürftig gesichert (Achtung: steil abfallende Wände!).

Tourenbeschreibung

Vom Hafen in ❶ Riva del Garda (70 m) folgt man in südlicher Richtung etwa 500 m der „westlichen Gardesana", kurz vor dem Tunnel beginnt der Aufstieg auf dem „Sentiero del Ponale". Nach etwa 3 km erreicht man die Terrassenbar „Ponale Alto". Bei der darauffolgenden Kreuzung rechts halten (Wegweiser Pre/Molina). Man folgt knapp 2 km der aufgelassenen Zubringerstraße ins Ledrotal bis zur Einmündung in die ❷ SS 240. Auf der Hauptstraße bergauf bis zur Brücke, diese überqueren und rechts auf den steilen Forstweg (auch Radroute) talein weiter (Wegweiser Pre/Molina). Der Beschilderung folgend erreicht man das Dorf ❸ Pre (501 m). Durch die Ortsmitte durch und immer talein bis ❹ Molina di Ledro (640 m). Nach etwa 700 m mündet man in der Nähe des ❺ Info-Points in die Hauptstraße. Die anschließende Seeumrundung erfolgt im Uhrzeigersinn, auf der Straße nahe dem Seeufer entlang. Vorbei an der Ortschaft ❻ Pur (662 m) erreicht man nach einem kurzen Waldstück den Vorort von ❼ Pieve di Ledro (658 m). Bei der zweiten Kreuzung, nach der kleinen Steinbrücke rechts, Richtung See bis zum ❽ Hotel/Ristorante Lido abfahren. Nahe dem Hotel beginnt der geschotterte Seeweg, das Radfahren wird auf diesem Abschnitt „geduldet". In der Hochsaison ist dieser Panoramaweg bei Wanderern sehr beliebt, alternativ sollte man dann auf der parallel verlaufenden Hauptstraße ausweichen. Bei der Ortschaft Mezzolago folgt man ein kurzes Stück der ❾ Hauptstraße SS 240, sticht dann wieder in den Seeweg ein und erreicht den Info-Point in Molina di Ledro. Der Rückweg erfolgt auf der gleichen Strecke bis nach Riva del Garda zurück.

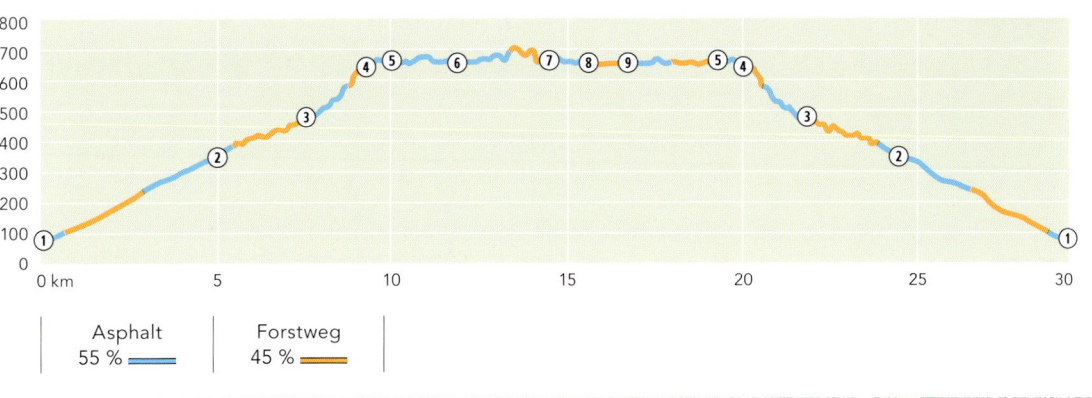

Asphalt	Forstweg
55 %	45 %

3   RIVA DEL GARDA – BOCCA DI TRAT

Start und Ziel:
Riva del Garda, 70 m

Höchster Punkt:
Rifugio Nino Pernici, 1600 m

Strecke: 42 km

Höhenmeter bergauf: 1575 m

Höhenmeter bergab: 1575 m

Zeit: 5–6 Std.

Schwierigkeit: ●●●●○

Kondition: ●●●●●

Uphill: ●●●○○

Downhill: ●●●●○

Tourenmonate: Mai–Oktober

Kartenmaterial: Tabacco, Blatt 055, Valle del Sarca – Arco – Riva del Garda; Kompass, Blatt 690, Alto Garda e Ledro

Anfahrt:
Brennerautobahn A22, Ausfahrt Trento Nord, Sarcatal, Riva del Garda

Brennerautobahn A22, Ausfahrt Rovereto Sud, Mori, Torbole, Riva del Garda

Ledrosee

Bei diesem Unterfangen im Hinterland des Gardasees erreicht man auf fast 1600 m den geschichtsträchtigen Übergang, Bocca di Trat. Bereits zur Römerzeit war dieser Pass die einzige und wichtigste Verbindung ins Ledrotal. Nach dem Bau der Ponalestraße verlor er zunehmend an Bedeutung. Überreste von Schützengräben, Kriegsstollen und Schießstellungen, unweit vom Pass und den umliegenden Gipfeln zeugen heute noch vom Einsatz der österreichischen-ungarischen Armee im Ersten Weltkrieg. Pfade und Militärstraßen werden jetzt sinnvoller von Wanderern und Bikern genutzt.
Zur Einkehr bieten sich auf der ganzen Strecke mehrere Möglichkeiten an: am höchsten Punkt der Tour zum Beispiel, im Rifugio Pernici, wo der aufmerksame Hüttenwirt Marco mit lokalen Spezialitäten aufwartet; dort ist unbedingt die „Kartoffelpolenta" zu probieren!

Diese Marathon-Umrundung setzt eine gute Kondition voraus, die Anstiege sind lang, aber durchgehend fahrbar, zum „Ausruhen" eignet sich nur der ebene Abschnitt entlang des Ufers vom Ledrosee. Eine fahrtechnische Herausforderung ist die Abfahrt von der Bocca di Trat bis zur Capanna Grassi. Eine gute Fahrtechnik und eine einwandfreie Bremsanlage sind dort zwingend notwendig, der Untergrund ist grob und einige Abschnitte stellenweise extrem steil. Wer noch genügend Kraftreserven zur Verfügung hat, kann alternativ von Campi den Sentiero della Pinza bis nach Riva del Garda abfahren (Achtung sehr steil!).

Tourenbeschreibung

Vom Hafen in ❶ Riva del Garda folgt man in südlicher Richtung etwa 500 m der „westlichen Gardesana"; kurz vor dem Tunnel beginnt der Aufstieg auf dem „Sentiero del Ponale". Nach etwa 3 km erreicht man die Terrassenbar „Ponale Alto". Bei der darauffolgenden Kreuzung rechts halten (Wegweiser Pre/Molina). Man folgt knapp 2 km der aufgelassenen, aber asphaltierten Straße bis zur Einmündung in die ❷ SS 240. Auf der Hauptstraße bergauf bis zur Brücke, diese überqueren und rechts auf den steilen Forstweg talein weiter (Wegweiser Pre/Molina). Im Dorf ❸ Pre (501 m) angelangt, durch die Ortsmitte durch und immer talein bis ❹ Molina di Ledro (640 m). Nach etwa 700 m trifft man auf die Hauptstraße und den ❺ Info-Point am Ledrosee. Linkerhand dem Seeufer entlang, vorbei an der Ortschaft Pur, erreicht man das Ende des Sees. Nun der Straße entlang bis zur kleinen ❻ Steinbrücke, weiter Richtung Hauptstraße bis zum Kreisverkehr vor ❼ Pieve di Ledro (658 m). Dort (Beschilderung Locca/Lenzumo) bergauf bis zur ❽ Einmündung in die SP 119.

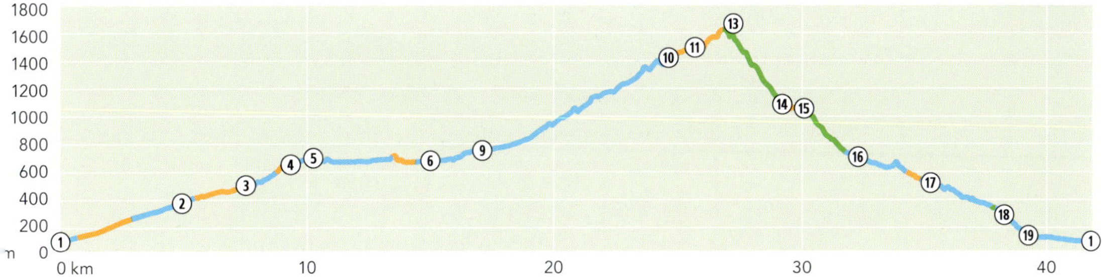

Elevation Profile

1800
1600
1400
1200
1000
800
600
400
200
m

0 km · 10 · 20 · 30 · 40

Asphalt	Forstweg	Wald/Wiese
68 %	21 %	11 %

Map

La Roda · 2169
M. Càdria 2254
M. Campel ·29
Tofino · 2151
L. di Tenno
1413

Palò
Bocca di Trat 1581
1600
Malga Trat 1502
Lenzumo
Enguiso
Ville del Monte
Calvola
Padaro
Vigne
Chiarano
Arco 91
S. Tomaso

V. di Concei

Rifugio Capanna Grassi 1050
C.ma Pari · 1991
Campi
458 Pranzo
Tenno
Varignano
Frapporta
M. Tombio 841
Deva 260
Gavazzo
Varone 120
S. Giorgio

688

Bezzecca
di Sotto
Locca 730
Ledro
Pieve 658
Massangla
Val
240
Mezzolago
C.ma d'Oro · 1801
M. Brione ·376
240d.
Albola
Riva del Garda
Brione
Nago

Molina di Ledro 640
Barcesino
Biacesa
501 Prè di Ledro
T. Ponale
V.gio Turistico
L. di Ledro Ledrosee
Ledro

ma Caset · 1748
C.ma Tivei · 1527
M. Tremalzo
1446
M. Carone · 1621
Pregasina
Tórbole 50
Tempesta

1 cm = 1 km

TAPPEINER.

13

Talein bis ❾ Locca (730 m), bei der Abzweigung nach dem Dorfausgang links halten und Richtung Lenzumo. Oberhalb eines großen Sägewerkes rechts in das Val da Vai. Vom ❿ Parkplatz führt ein Forstweg immer bergauf zur ⓫ Malga di Trat (1502 m) und zum Übergang ⓬ Bocca di Trat. Dort sieht man bereits das ⓭ Rifugio Nino Pernici. Nun beginnt die sehr steile, schmale und ruppige Abfahrt bis zum ⓮ Parkplatz nahe der ⓯ Capanna Grassi (1050 m). Man folgt ca. 150 m dem Forstweg, wo rechts ein steiler Waldweg abzweigt und kurz vor ⓰ Campi (688 m) in die Straße einmündet. Auf der Hauptstraße bergab (Beschilderung Pranzo/Tenno), nach dem Tunnel rechts über die Abkürzung bis ⓱ Pranzo (458 m) abfahren. Dann bei der ersten großen Linkskehre rechts abzweigen, der Hauptstraße entlang und über einen letzten kurzen Pfad erreicht man ⓲ Deva (260 m). Hier beginnt die extrem steile Abfahrt durch malerische Olivenhaine bis zum Friedhof von ⓳ Varone. Dort über Nebenstraßen und dem Radweg zurück zum Ausgangspunkt.

Torbole

4 RIVA DEL GARDA – TREMALZO – BOCCA DEI FORTINI

Start und Ziel:
Riva del Garda, 70 m

Höchster Punkt:
Bocca di Val Marza, 1787 m

Strecke: 63 km

Höhenmeter bergauf: 1900 m

Höhenmeter bergab: 1900 m

Zeit: 6–7 Std.

Schwierigkeit: ●●●●●

Kondition: ●●●●●

Uphill: ●●●●○

Downhill: ●●●●○

Tourenmonate: Juni–September

Kartenmaterial: Tabacco, Blatt 055, Valle del Sarca – Arco – Riva del Garda; Kompass, Blatt 690, Alto Garda e Ledro

Anfahrt:
Brennerautobahn A22, Ausfahrt Trento Nord, Sarcatal, Riva del Garda

Brennerautobahn A22, Ausfahrt Rovereto Sud, Mori, Torbole, Riva del Garda

Keine andere Tour am Gardasee wurde öfter bezwungen, beschrieben, fotografiert und heutzutage natürlich auch „gepostet" wie die Tremalzo-Runde. Die lange Auffahrt über die Ponale, der malerische Ledrosee, das Rundumpanorama und die Abfahrt zum Passo Nota sind nur einige der Höhepunkte dieser MTB-Tour.

Die Tour ist bis zum Passo Nota gut ausgeschildert und verläuft auf verkehrsarmen Nebenstraßen, auf der Radroute durch das Ledrotal und mehreren Forstwegen. Vom höchsten Punkt, der Bocca di Val Marza, führt die 7,5 km lange Militärstraße bis zum Passo Nota (Achtung: Gegenverkehr, enge Tunnels, grobe Schotterstraße, stellenweise sehr ausgesetzt!). Die Abfahrt nach Legos ist an den steilsten Stellen betoniert und mündet direkt in die Aufstiegsroute.

Tourenbeschreibung

Vom Hafen in ❶ Riva del Garda folgt man in südlicher Richtung etwa 500 m der „westlichen Gardesana"; kurz vor dem Tunnel beginnt der Aufstieg auf dem „Sentiero del Ponale". Nach etwa 3 km erreicht man die Terrassenbar „Ponale Alto". Bei der darauffolgenden Kreuzung rechts halten (Wegweiser Pre/Molina). Man folgt knapp 2 km der aufgelassenen Zubringerstraße ins Ledrotal bis zur Einmündung in die ❷ SS 240. Auf der Hauptstraße bergauf bis zur Brücke, diese überqueren und rechts auf den steilen Forstweg talein weiter (Wegweiser Pre/Molina) bis zum Dorf ❸ Pre (501 m). Durch die Ortsmitte durch und immer talein bis ❹ Molina di Ledro (640 m). Nach etwa 700 m mündet man in die Hauptstraße, nahe dem ❺ Info-Point. Auf der linken Seeseite folgt man der Straße bis zum Hafen von Pieve di Ledro. Nach der kleinen ❻ Steinbrücke links auf der Radroute der Beschilderung Passo Tremalzo, vorbei am ❼ Kirchlein S. Lucia (709 m) und der Ortschaft ❽ Alla Costa (730 m). Der Beschilderung folgend, mündet eine sehr steile Nebenstraße in die ❾ SP 127. Bergwärts weiter zur ❿ Kirche Santa Croce, vorbei am ⓫ Rifugio Garibaldi (1519 m) bis zum ⓬ Rifugio Garda/Passo Tremalzo (1686 m). Nach 100 Hm erreicht man den höchsten Punkt der Tour, die ⓭ Bocca di Val Marza. Gleich nach dem Tunnel beginnt die Talfahrt. Die grobschottrige Militärstraße windet sich steil nach unten, vorbei am ⓮ Passo Pra della Rosa (1446 m) bis zum ⓯ Passo Nota/Rifugio degli Alpini (1211 m). Dem Wegweiser „Bocca dei Fortini" folgen, vorbei am ⓰ Passo di Bestana (1274 m) bis zur ⓱ Bocca dei Fortini (1234 m). Von der Passhöhe links Richtung Val di Ledro abfahren. Nach einigen betonierten, sehr steilen Teilstücken und kurzen Gegenanstiegen gelangt man an eine Abzweigung mit einem ⓲ Wegkreuz, links haltend bis zur Ortschaft ⓳ Legos (665 m) abfahren. Dort auf der Aufstiegsstrecke zurück zum Ausgangspunkt.

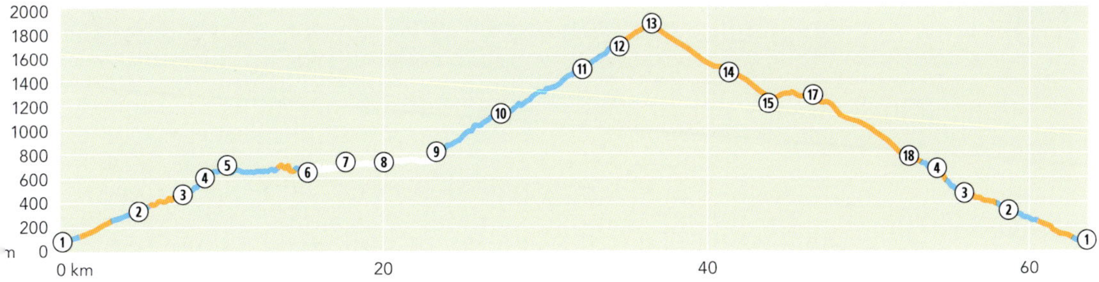

Elevation profile (m):
2000, 1800, 1600, 1400, 1200, 1000, 800, 600, 400, 200

Numbered points: 1 2 3 4 5 6 7 8 9 10 11 12 13 14 15 17 18 4 3 2 1

0 km — 20 — 40 — 60

Asphalt	Radweg	Forstweg
41 %	14 %	45 %

Map labels:

Calvola, Pranzo, Tenno, Frapporta, Deva 260, Varo 120, Riva del Garda 70, M. Tombio, Campi, M. Tombio 841, C.ma d'Oro 1801, Malga Trat 1502, Rifugio Capanna Grassi 1050, C.ma Pari 1991, 1600, 1581, Lenzumo, Enguiso, Locca 730, Bezzecca, Ledro, Pieve 658, Tiarno- di Sotto 130, -di Sopra, Val Concei, T. Massangla, Mezzolago, 240, L. di Ledro Ledrosee, Molina di Ledro, Barcesino, Biacesa, Legos, Prè di Ledro, T. Ponale, Pregasina, Santa Croce, C.ma Caset 1748, V.gio Turistico, Val di Ledro, Rifugio Garibaldi 1519, M. Tremalzo 1974, C.ma Tivei 1527, Passo Pra della Rosa 1446, Rifugio degli Alpini 1274, M. Carone 1621, Bocca dei Fortini 1234, 1686, M.ga Ciapa 1787, Bocca di Val Marza, P.so di Tremalzo, 1211, Passo Bestana 1445, M. Traversole, C.ma Scalpe 1533, V. di Bondo, 45b., Limone sul Garda, na Palone 1635

1 cm = 1 km

N

TAPPEINER.

17

5 VARONE – CAPANNA GRASSI

Start und Ziel:
Varone, 120 m (nördlich von Riva del Garda)

Höchster Punkt:
Capanna Grassi, 1050 m

Strecke: 22 km

Höhenmeter bergauf: 1050 m

Höhenmeter bergab: 1050 m

Zeit: 3–4 Std.

Schwierigkeit: ●●●●○○

Kondition: ●●●●○○

Uphill: ●●●●○○

Downhill: ●●●○○○

Tourenmonate: April–Oktober

Kartenmaterial: Tabacco, Blatt 055, Valle del Sarca – Arco – Riva del Garda; Kompass, Blatt 690, Alto Garda e Ledro

Anfahrt:
Brennerautobahn A22, Ausfahrt Trento Nord, Sarcatal, Arco, Varone

Brennerautobahn A22, Ausfahrt Rovereto Sud, Mori, Riva del Garda, Varone

Pranzo und Tenno

Beliebte Biketour nördlich des Gardasses mit rasantem Start und steiler Abfahrt. Die Capanna Grassi ist von Campi auf der schmalen, aber asphaltierten Bergstraße erreichbar. Deshalb ist die Capanna ein beliebter Startpunkt für Wanderungen und gemütliche Einkehrstationen. Fast etagenmäßig verläuft die Auffahrt, anfangs durch Olivenhaine, dann durch Laub- und Kastanienwälder bis zum Umkehrpunkt.

Die Steigung bis Deva und die Abkürzung vor Pranzo wird wohl manchen Radler zum Absteigen zwingen, die restliche Strecke ist mit etwas Grundkondition meist fahrbar. Etwas Fahrtechnik verlangt nur die kurze Abfahrt durch den Waldweg nach Campi; durch Grabungsarbeiten wurde der Untergrund extrem holprig. Der anschließende sogenannte „Sentiero della Pinza" endet direkt in Riva del Garda. Vor einigen Jahren konnten nur fahrtechnisch gute Biker diese Abfahrt problemlos bewältigen, heute ist sie „nur" noch steil. Die betonierten Passagen haben bis zu 30 % Gefälle und wurden mit tiefen Wasserrinnen versehen. Vorsicht!

Tourenbeschreibung

Von ❶ Varone (120 m), gleich neben dem Sportplatz (kleiner Parkplatz), erfolgt der Start. Der Beschilderung „Anello Garda Sarca" (Loc. Roncaglie) auf der sehr steilen und etwas verwinkelten Straße bis ❷ Deva (260 m) folgen. In der Linkskehre bei Deva die Straße überqueren und bergauf (Abkürzung/Beschilderung folgen) bis zur Einmündung in die ❸ SP 37. Der Hauptstraße ca. 1,3 km entlang, dann links auf der steilen Nebenstraße bis nach ❹ Pranzo (458 m). Weiter bis zur ❺ Ampel am Dorfausgang und links in die Seitenstraße abbiegen. Auf der Hauptstraße bis ❻ Campi (688 m) und weiter bis zum ❼ Parkplatz und dem nahen Tagesziel, der ❽ Capanna Grassi (1050 m). Zurück zum Parkplatz folgt man ca. 150 m den Forstweg, rechts in den steilen Waldweg einfahren (Torrente Gamella), der dann kurz vor ❻ Campi in die asphaltierte Straße mündet. Bei der Kreuzung am Dorfrand von Campi rechts dem Wegweiser „Sentiero della Pinza" folgen. Anfangs noch flach, wird nach der Ortschaft Righi die Abfahrt zunehmend steiler. Bei der Abzweigung nach Bastione links abfahren, die betonierte Straße wird dort noch steiler und endet direkt in ❾ Riva del Garda (70 m). Linkshaltend auf der Via Ardaro bis zum ❿ Kreisverkehr; rechts weiter zum zweiten ⓫ Kreisverkehr abfahren und der Straße Richtung Messegelände bis nach Varone folgen.

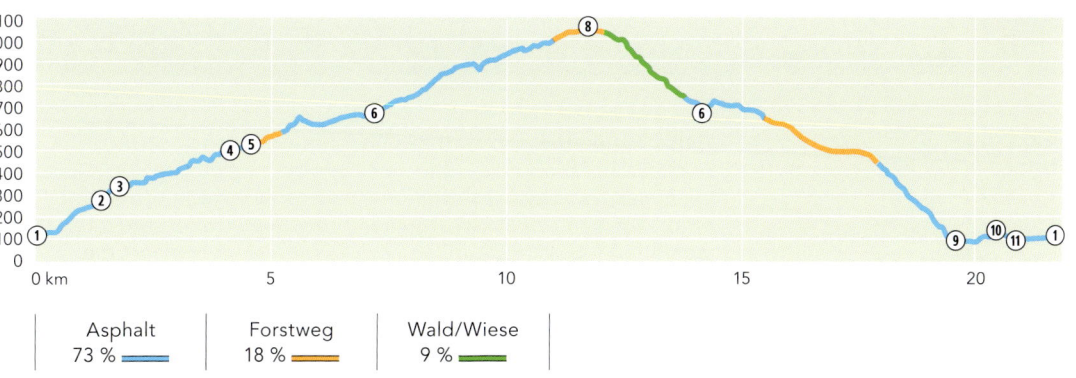

Asphalt	Forstweg	Wald/Wiese
73 %	18 %	9 %

6 VARONE – LAGO DI TENNO

Start und Ziel:
Varone, 120 m (nördlich von Riva del Garda)

Höchster Punkt:
Campi, 688 m

Strecke: 21 km

Höhenmeter bergauf: 750 m

Höhenmeter bergab: 750 m

Zeit: 3–4 Std.

Schwierigkeit: ●●●●●

Kondition: ●●●●●

Uphill: ●●●●●

Downhill: ●●●●●

Tourenmonate: April–November

Kartenmaterial: Tabacco, Blatt 055, Valle del Sarca – Arco – Riva del Garda

Anfahrt:
Brennerautobahn A22, Ausfahrt Trento Nord, Sarcatal, Arco, Varone

Brennerautobahn A22, Ausfahrt Rovereto Sud, Mori, Riva del Garda, Varone

Diese mittelschwere Rundtour beginnt in Varone, einem Vorort von Riva del Garda und führt von Tenno zum gleichnamigen See. Dieser überschaubare Bergsee mit seiner blau-grünen Farbe wird auch der „Blaue See" genannt. Die Seeumrundung ist nur zu Fuß erlaubt.

Tenno und die Fraktion „Ville del Monte" kann man über mehrere Straßen erreichen. Bei dieser Mountainbike-Route bleibt zum Einfahren keine Zeit: gleich nach dem Start führt eine steile Nebenstraße nach Deva und schließlich zum imposanten Castello di Tenno. Technisch anspruchsvoll ist eigentlich nur die Abfahrt auf dem „Sentiero della Pinza". Von Campi führt dieser bis zu 30 % steile, meist betonierte Waldweg direkt nach Riva del Garda. Einwandfreie Bremsen und etwas Gleichgewicht sind ein absolutes Muss!

Tourenbeschreibung

Der Start erfolgt in ❶ Varone (120 m) gleich neben dem Sportplatz (kleiner Parkplatz). Der Beschilderung „Anello Garda Sarca" (Loc. Roncaglie) auf der steilen und etwas verwinkelten Straße bis ❷ Deva (260 m) folgen. In der Linkskehre bei Deva die Straße überqueren und bergauf (Abkürzung/Beschilderung folgen) bis zur Einmündung in die ❸ SP 37. Man folgt ca. 1,3 km der Straße bis zur Abzweigung nach Tenno; rechts talabwärts das Tal queren. In leichter Steigung erreicht man das ❹ Castello di Tenno (430 m). Der Hauptstraße bergauf bis zur ersten Linkskehre folgen, zwischen Haus und Straße in den Forstweg einfahren (Wegweiser Lago di Tenno). Bei der ❺ S.-Antonio-Kirche (556 m) folgt man kurz der SS 421 bis zur Kreuzung. Zwischen dem Hotel Cristina und der Bar Borgo in die steile Straße einfahren. Beim Wegkreuz rechts halten und weiter bis zum kleinen Brunnen vor dem gebührenpflichtigen ❻ Parkplatz. Links bergauf führt teils auf einem Forstweg eine kurze Abfahrt bis zum ❼ Parkplatz am Tenno-See 601 m. Die nahe Hauptstraße überqueren und auf dem Radweg Richtung Pranzo/Campi. Vorbei an der ❽ Wasserstelle mit Grillmöglichkeiten bis zur markanten Abzweigung rechts nach Campi einbiegen. Nach etwa 3 km mit mäßiger Steigung erreicht man das Dörfchen ❾ Campi (688 m). Bei der Gabelung am Ende des Dorfes links dem Wegweiser „Sentiero della Pinza" folgen. Anfangs noch flach, wird nach der Ortschaft Righi die Abfahrt zunehmend steiler. Bei der Abzweigung nach Bastione links halten, die betonierte Straße wird dort extrem steil und endet direkt in ❿ Riva del Garda (70 m). Linkshaltend auf der Via Ardaro bis zum ersten ⓫ Kreisverkehr, weiter nach rechts zum zweiten ⓬ Kreisverkehr abfahren und in Richtung Messegelände bis nach Varone zum Ausgangspunkt zurück.

Tenno-See

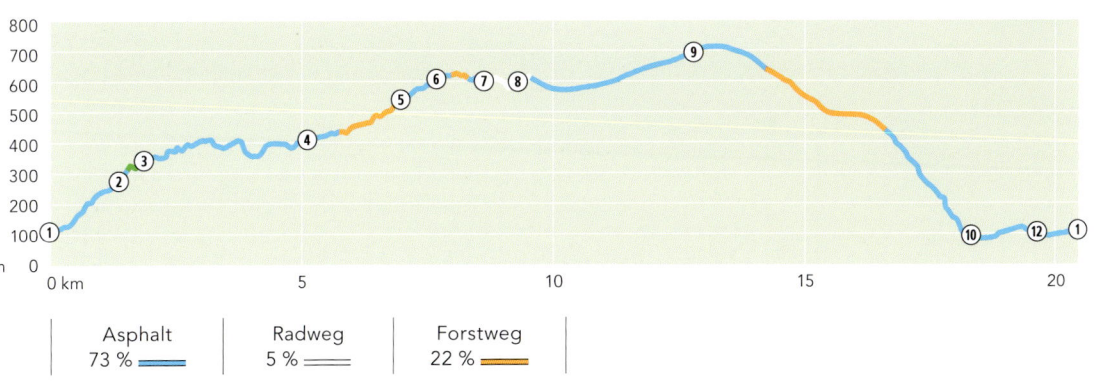

Asphalt	Radweg	Forstweg
73 %	5 %	22 %

7 VON TENNO NACH BALLINO

Start und Ziel:
Tenno, 430 m

Höchster Punkt:
Laghisoli, 800 m

Strecke: 15 km

Höhenmeter bergauf: 460 m

Höhenmeter bergab: 460 m

Zeit: 2–3 Std.

Schwierigkeit: ●●●●●

Kondition: ●●●●●

Uphill: ●●●●●

Downhill: ●●●●●

Tourenmonate: April–November

Kartenmaterial: TABACCO, Blatt 055, Valle del Sarca – Arco – Riva del Garda

Anfahrt:
Brennerautobahn A22, Ausfahrt Trento Nord, Sarcatal, Riva del Garda, Tenno

Brennerautobahn A22, Ausfahrt Rovereto Sud, Mori, Riva del Garda, Tenno

Canale di Tenno

Die Hochebene rund um Tenno ist ein idealer Ausgangspunkt für viele Biketouren. Canale di Tenno ist eines der vier Ortsteile der Fraktion Ville del Monte. Erst kürzlich wurde Canale di Tenno in die Liste der schönsten Dörfer Italiens aufgenommen. Im Künstlerhaus Giacomo Vittone treffen sich Künstler aus ganz Europa und beleben mit verschiedenen Initiativen dieses einmalige Bergdorf. Umkehrpunkt dieser Runde ist Ballino unweit des Ballino-Passes. Dieser unscheinbare Übergang verbindet den nördlichen Gardasee mit den Judicarien. In Ballino wurde der Dorfplatz nach dem Südtiroler Freiheitskämpfer Andreas Hofer benannt. Von 1785 bis 1788 arbeitete er in der Gastwirtschaft von Marco Zanini.

Leichte, e-bike-taugliche Tour im Hinterland des Gardasees, fast ganzjährig befahrbar. Bis auf eine kurze Schiebepassage zwischen Terra Rossa und Laghisoli weißt der Streckenverlauf keine nennenswerten Schwierigkeiten auf. Von Ballino bis zum Tennosee ist auf der stark befahrenen Hauptstraße Vorsicht geboten.

Tourenbeschreibung

Von ❶ Tenno (430 m) neben dem Castello di Tenno der Hauptstraße bergauf bis zur ersten Linkskehre folgen, zwischen Haus und Straße in den Forstweg einfahren (Wegweiser Lago di Tenno). Bei der ❷ S.-Antonio-Kirche (556 m) folgt man kurz der SS 421 bis zur ersten Kreuzung. Rechtshaltend, der Straße knapp 1 km bis zur Abzweigung nach Canale di Tenno folgen. ❸ Canale di Tenno (590 m) passieren (Achtung, Fahrverbot für Bikes!). Das Tal querend (Markierung Nr. 406/Ballino) hoch über den Tenno-See bis ❹ Terra Rossa (690 m) und zum höchsten Punkt der Tour ❺ Laghisoli (800 m). Kurz bergab zum Umkehrpunkt ❻ Ballino (755 m), Einkehrmöglichkeit. Auf der Staatsstraße bis zum ❼ Parkplatz beim Tenno-See (601 m). Am Rande des Parkplatzes, gleich hinter dem Info-Point die Nebenstraße in südlicher Richtung bis zur ❽ Einmündung in die SS 421. Zur S.-Antonio-Kirche abfahren und auf der Auffahrtsstrecke bis zum Ausgangspunkt zurück.

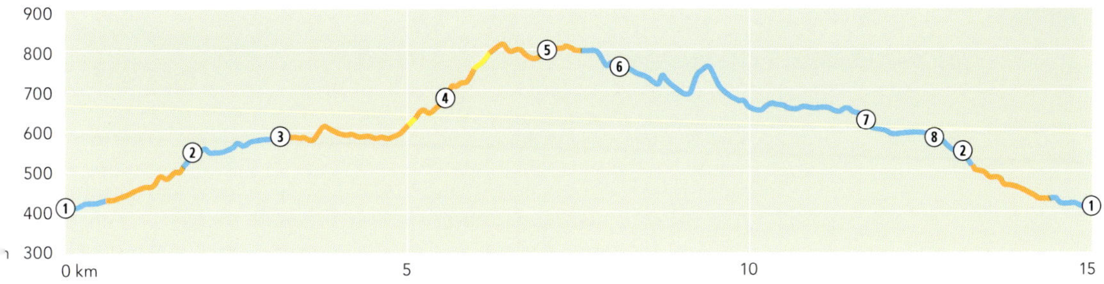

Elevation profile

Asphalt 64 %	**Forstweg** 34 %	**Tragen/Schieben** 2 %

8 ARCO – SAN GIOVANNI AL MONTE

Start und Ziel:
Arco, 90 m

Höchster Punkt:
Gorghi, 1125 m

Strecke: 31 km

Höhenmeter bergauf: 1200 m

Höhenmeter bergab: 1200 m

Zeit: 3 ½–4 ½ Std.

Schwierigkeit: ●●●●○

Kondition: ●●●●○

Uphill: ●●●○○

Downhill: ●●●●○

Tourenmonate: April–Oktober

Kartenmaterial: Tabacco, Blatt
055, Valle del Sarca–Arco–Riva
del Garda

Anfahrt:
Brennerautobahn A22, Ausfahrt
Trento Nord, Sarcatal, Arco

Brennerautobahn A22, Ausfahrt
Rovereto Sud, Mori, Nago, Arco

Arco

Das einmalige Panorama auf dem Gardasee, die vergletscherten
Gipfel der Presanella und des Adamello weit im Westen sowie
nicht zuletzt die ideale Einkehrmöglichkeit im Ristoro San Giovanni al Monte sind die „Eckdaten" dieser zähen Runde.

Vom Startpunkt aus kann man sich bis Varignano gemütlich „einra-
deln". Die ersten Kilometer der langen Auffahrt sind ziemlich steil,
dann schlängelt sich die schmale Bergstraße zügig bis San Giovanni
al Monte. Wer nach Gorghi den schwierigen Singletrail meiden
möchte, kann auf der darüber verlaufenden Forststraße abfahren;
beide Abfahrten münden ohnehin wieder in die gleiche Strecke.
Über schattigen Waldwegen und schmalen Berg- und Nebenstraßen erreicht man Tenno. Gleich nach dem Castello di Tenno beginnt die letzte Abfahrt: gut ausgeschildert führt ein holpriger Weg
steil in die Talsohle nach Varignano und zum Startpunkt zurück.

Tourenbeschreibung

Start in ❶ Arco beim Tourismusbüro auf der Allee in westlicher
Richtung. Auf der Via Capitelli bis zur Kreuzung am Dorfrand von
❷ Varignano. Rechts in die Via Fosse abbiegen (Beschilderung
San Giovanni al Monte). Durch die enge Dorfgasse bis zum großen
Waschtrog, rechtshaltend der Straße bergauf folgen. Vorbei an der
Kapelle ❸ San Rocco, erreicht man auf der immer zügig steilen Bergstraße die kleine Ortschaft ❹ Padaro (350 m). Der Straße folgend
erreicht man nach 8,6 km ❺ San Giovanni al Monte (1050 m). Bei der
ersten Abzweigung nach San Giovanni al Monte, links der Markierung Nr. 425 bis ❻ Marcarie (1104 m) folgen. Links steil bergauf bis
❼ Prai da Gom, auf Weg Nr. 401 weiter bis ❽ Gorghi (1125 m). Dem
Wegweiser Rifugio San Pietro folgend bis zur ersten Abzweigung,
rechts den kniffligen Singletrail abfahren (rot-weiße Markierung).
Man kann auch auf dem oberen Forstweg weiterfahren, dieser mündet genauso in die beschriebene Route. Der Forststraße Nr. 401
bergab bis zur ❾ Croce di Bondiga (895 m) mit einmaliger Aussicht
auf den Gardasee und über kurze, steile betonierte Teilstücke bis
❿ Treni (825 m). Nach einem leichten Gegenanstieg erreicht man die
Wasserstelle in ⓫ Calino (850 m). Der Straße entlang (Nr. 401) bis zur
malerischen Fraktion ⓬ Calvola (642 m). Weiter bis zur Einmündung
in die Staatsstraße, bei der Kirche San Antonio (Brunnen) die flotte
Nebenstraße abfahren. Ein kurzes Stück auf der SS 421 bis ⓭ Tenno
(428 m). Kurz nach dem Castello di Tenno links dem Wegweiser Anello Garda Sarca bergab folgen. Vorbei an schönen Weinbergen bis
zur Ortschaft ⓮ Volta di No. Einige Meter dem Radweg entlang und
links durch die Olivenhaine steil bergab (Beschilderung folgen). Die
Abfahrt endet in Varignano unmittelbar beim großen Waschtrog. Auf
der Zufahrtsstrecke zurück zum Ausgangspunkt in Arco.

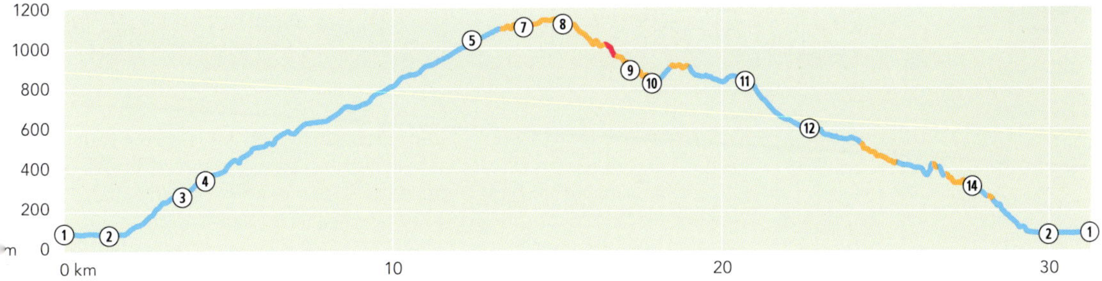

Elevation profile

m	1200			
	1000		⑤ ⑦ ⑧	
	800		⑨ ⑩ ⑪	
	600			⑫
	400	④		⑭
	200	③		
	① ②			② ①
	0 km	10	20	30

Asphalt	Forstweg	Singletrail
78 %	21 %	1 %

9 VON ARCO ZUR MALGA CAMPO

Start und Ziel:
Arco, 90 m

Höchster Punkt:
Scaletta, 1534 m

Strecke: 39 km

Höhenmeter bergauf: 1650 m

Höhenmeter bergab: 1650 m

Zeit: 4–5 Std.

Schwierigkeit: ●●●●○

Kondition: ●●●●●

Uphill: ●●●●○

Downhill: ●●●○○

Tourenmonate: Mai–Oktober

Kartenmaterial: Tabacco, Blatt 055, Valle del Sarca – Arco – Riva del Garda

Anfahrt:
Brennerautobahn A22, Ausfahrt Trento Nord, Sarcatal, Arco

Brennerautobahn A22, Ausfahrt Rovereto Sud, Mori, Nago, Arco

Malga Campo

Der nördliche Gardasee mit seinem Kurort Arco gehört wohl zu den idealsten Orten für Freizeitaktivitäten wie Klettern, Segeln, Surfen, Mountainbiken, Wandern … Auch das Klima ist ideal: im Winter mild, im Sommer angenehm warm. Das Wahrzeichen von Arco ist das gleichnamige Schloss: es thront stolz auf einem steil abfallenden Felsvorsprung und ist bereits von Weitem zu sehen.

Diese lange, anstrengende Tour setzt gute Kondition voraus. Die Auffahrt gliedert man in zwei Abschnitte. Der erste Abschnitt von Arco bis Drena erfolgt auf asphaltierten Bergstraßen mit einigen sehr steilen Passagen (im Sommer sehr heiß). Der zweite Abschnitt beginnt in Drena in der Nähe des Maso Michelotti. 8 Kilometer, 800 Höhenmeter und 16 Kehren winden sich in einem Zug (teilweise auf Forstweg) bis zur Malga Campo. Nach der kurzen Schiebepassage beginnt die lange Abfahrt. Teils auf holprigen Forstwegen, teils auf „flowigen" Waldwegen erreicht man die Talsohle des Sarcatales. Diese Tour wird auch gegen den Uhrzeigersinn gefahren, Vorsicht auf eventuellen Gegenverkehr! Auf der Malga Campo gibt es leider keinen Ausschank, eigenen Proviant mitnehmen.

Tourenbeschreibung

Von ❶ Arco auf dem Radweg in nördliche Richtung bis zur ❷ Brücke, diese überqueren und auf dem Radweg weiter bis zur Ortschaft ❸ Moletta. Beim „Bicigrill" rechts, bis zur ❹ SS 45bis; diese überqueren und auf der Via San Martino der Beschilderung „Anello Garda MTB" folgen. Dem Wegweiser Braila folgend bis zum Klettergarten ❺ Policromuro. Auf der engen Bergstraße weiter bergauf bis zur Ortschaft ❻ Pianaura (350 m). Bei der ersten Kreuzung links halten, bis zum ❼ Wegkreuz, rechts in den Forstweg einfahren. Von ❽ Braila (533 m) – Wasserstelle – bis zur Kirche Madonna del Monte und auf der Straße bergab weiter. Beim Freilichtmuseum rechts den Forstweg bis zur Einmündung in die asphaltierte Straße. Links abfahren, vorbei am Berggasthof „La Casina" erreicht man nach ca. 1,7 km einen Brunnen. Hier beginnt die 8 km lange Auffahrt bis ❾ Malga Campo di Drena (1383 m). Rechts auf dem Forstweg (Nr. 666), bis zur Malga Campo Arco. Kurz nach der Alm beginnt eine kurze Schiebepassage (100 Höhenmeter!) bis ❿ Scaletta, dem höchsten Punkt dieser Tour. Auf der holprigen Abfahrt, bei der ersten Abzweigung, links dem Wegweiser Nr. 666/Rif. Marchetti folgen. Bei der nächsten Kreuzung rechts auf dem Waldweg weiter (Wegweiser Troiana). Ein langer Forstweg mündet schließlich bei einer Abzweigung ohne Beschilderung; links halten. Von ⓫ Carobbi (754 m), folgt man dem Weg talwärts bis ⓬ Troiana (645 m). Die asphaltierte Bergstraße bis zur Kreuzung in Pianaura abfahren, auf der Auffahrtsstrecke zum Ausgangspunkt nach Arco zurück.

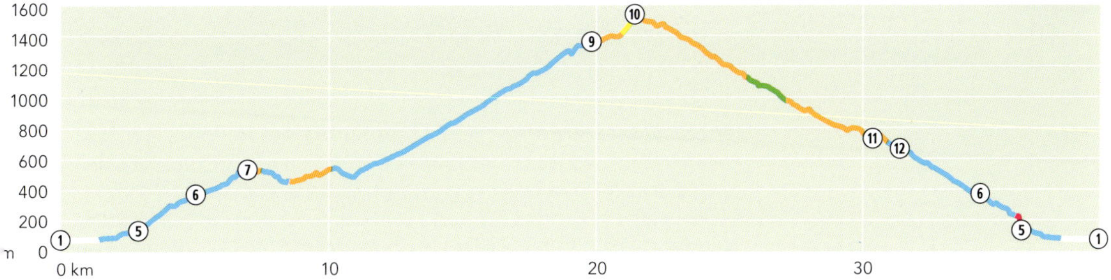

Asphalt	Radweg	Forstweg	Wald/Wiese	Singletrail	Tragen/Schieben
59 %	7 %	28 %	4 %	1 %	1 %

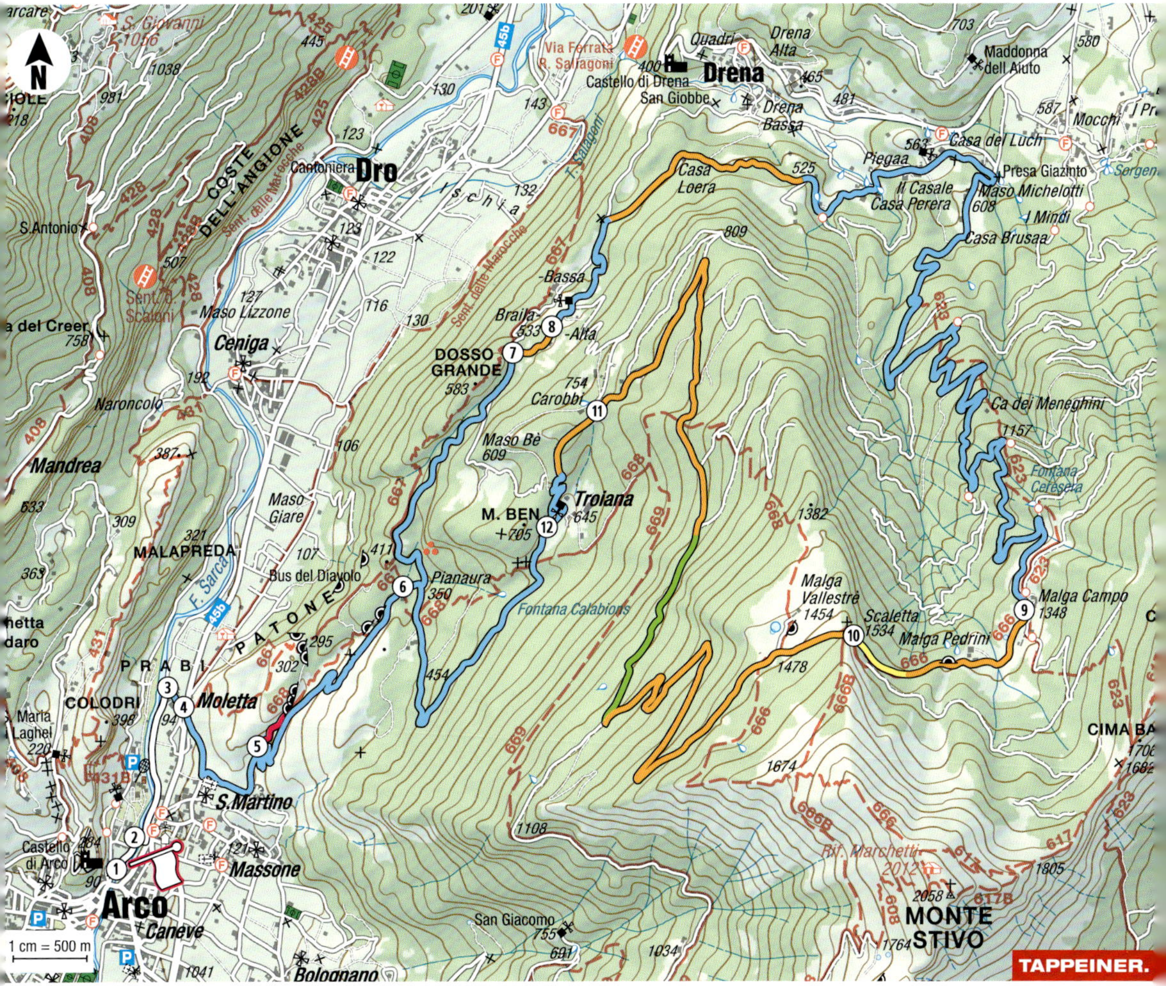

TAPPEINER.

10   MONTE-VELO-TOUR

Start und Ziel:
Arco, 90 m

Höchster Punkt:
Passo Due Sassi, 1108 m

Strecke: 30 km

Höhenmeter bergauf: 1200 m

Höhenmeter bergab: 1200 m

Zeit: 3½–4½ Std.

Schwierigkeit: ●●●○○

Kondition: ●●●○○

Uphill: ●●●○○

Downhill: ●●○○○

Tourenmonate: April–Oktober

Kartenmaterial: Tabacco, Blatt 055, Valle del Sarca – Arco – Riva del Garda

Anfahrt:
Brennerautobahn A22, Ausfahrt Trento Nord, Sarcatal, Arco

Brennerautobahn A22, Ausfahrt Rovereto Sud, Mori, Nago, Arco

Schloss Arco

Östlich von Arco erhebt sich der 2059 m hohe Monte Stivo. An deren West- und Südseite (Valle di Gresta) verläuft ein unüberschaubares Netz an Wegen, Pfaden und Forststraßen. Biker finden hier ein großes Tourenangebot. Achtung! Auf einzelnen Wandersteigen herrscht Fahrverbot. Die Forstbehörde überwacht nicht selten vor Ort die Einhaltung dieser Verordnung. Die Tour zum Monte Velo verläuft vorwiegend an der schattigen Westseite des Monte Stivo. Vom Übergang Passo due Sassi sollte man die einmalige Aussicht ins Sarcatal, der Paganella im Norden, der Baldogruppe mit dem Monte-Altissimo und natürlich auf den imposanten Gardasee, genießen.

Diese mittelschwere Rundtour wird im Uhrzeigersinn gefahren und ist bis auf einer kurzen Schiebepassage nach Troiana durchgehend befahrbar. Die lange, holprige Abfahrt nach Bolognano ist mit tiefen Abwasserrinnen versehen, hier sind griffige Bremsen und ein gutes Gleichgewicht gefragt. Die Orientierung ist relativ einfach, nur bei zwei Abzweigungen nach der Kirche S. Francesco fehlen jegliche Wegweiser.

Tourenbeschreibung

Von ❶ Arco (90 m) auf dem Radweg in nördlicher Richtung bis zur ❷ Brücke, diese überqueren und auf dem Radweg weiter bis zur Ortschaft Moletta. Beim „Bicigrill" rechts bis zur SS 45bis, diese passieren und auf der Via San Martino der Beschilderung „Anello Garda MTB" folgen. Weiter bis zum Klettergarten ❸ „Policromuro" (Wegweiser Braila). Auf der engen Bergstraße weiter bergauf bis ❹ Pianaura (350 m). Bei der ersten Kreuzung nach Pianaura rechts abbiegen (Schild Troiana). Immer bergauf erreicht man den Weiler ❺ Troiana (645 m). Nach einer kurzen Schiebepassage gelangt man nach ❻ Carobbi (754 m). Über steile Forst- und Waldwege (Beschilderung Malga Zanga folgen), erreicht man den Übergang ❼ Passo Due Sassi (1108 m). In südliche Richtung, leicht bergab bis zur Ortschaft ❽ Schivazappa (1030 m). Bei der Abzweigung ❾ Monte Velo (1050 m) auf der asphaltierten Straße bis zum Berggasthof ❿ Monte Velo (1020 m, beliebte Einkehrmöglichkeit). Weiter bis zur ⓫ Einmündung in die SP 48 (Straße nach S. Barbara). Auf der Provinzstraße einen Kilometer abfahren und links zur Kirche San Francesco. Bei der ersten Kreuzung – ohne Beschilderung – links auf dem Forstweg (etliche Löschhydranten am Straßenrand) bergauf weiter. Bei der nächsten Abzweigung beginnt rechts die lange, holprige Abfahrt bis zum Dorf Bolognano. Nordwärts Richtung San Martino/Massone und nach Arco zurück.

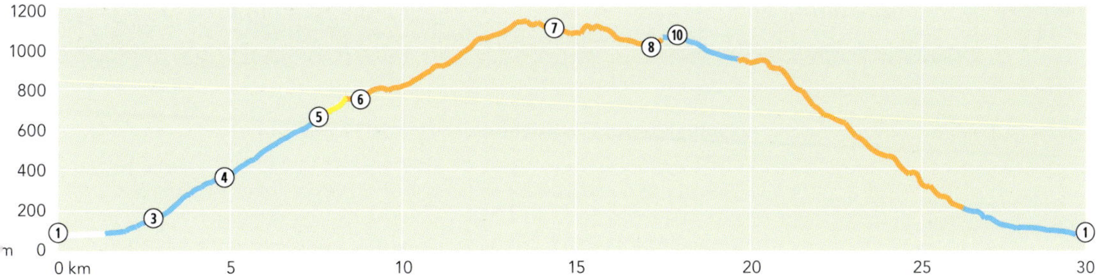

Elevation profile

Asphalt	Radweg	Forstweg	Tragen/Schieben
40 %	5 %	52 %	3 %

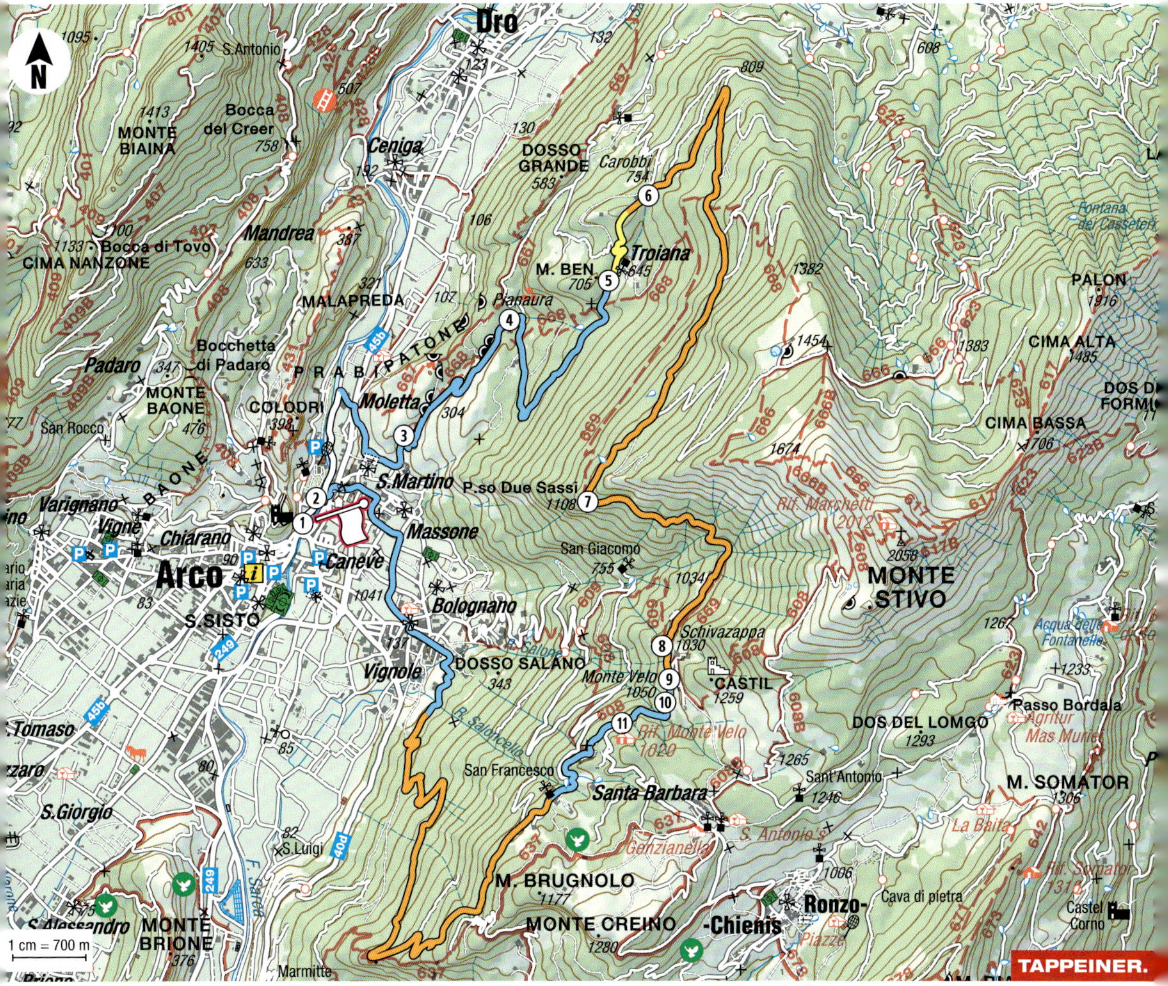

TAPPEINER.

1 cm = 700 m

11   VALLE DI CAVEDINE

Start und Ziel:
Arco, 90 m

Höchster Punkt:
Carobbi, 754 m

Strecke: 42 km

Höhenmeter bergauf: 1270 m

Höhenmeter bergab: 1270 m

Zeit: 3 ½–4 ½ Std.

Schwierigkeit: ●●●●○

Kondition: ●●●●○

Uphill: ●●●○○

Downhill: ●●○○○

Tourenmonate: April–Oktober

Kartenmaterial: Tabacco, Blatt 055, Valle del Sarca – Arco – Riva del Garda

Anfahrt:
Brennerautobahn A22, Ausfahrt Trento Nord, Sarcatal, Arco

Brennerautobahn A22, Ausfahrt Rovereto Sud, Mori, Nago, Arco

Das Valle di Cavedine liegt zwischen dem Monte Bondone im Osten und einem Bergrücken im Westen. Dieses Gebiet um Drena ist bei Mountainbikern beliebt und Ausgangspunkt vieler Biketouren.

Kurze, aber knifflige Singletrails bergauf und bergab verlangen eine solide Fahrtechnik. Die Orientierung ist bei dieser Tour stellenweise sehr schwierig; es fehlen Schilder oder sonstige Hinweise. Für diese Tour ist das Navigieren mittels GPS-Track empfehlenswert.

Tourenbeschreibung

Von ❶ Arco in nördlicher Richtung den Radweg entlang bis zur ❷ Holzbrücke. Über die Brücke bis zur Hauptstraße SS 45bis, den ❸ Kreisverkehr passieren und auf der Via San Francesco Richtung Massone. Auf der steilen Bergstraße bis zum Klettergarten Policromuro und weiter bis ❹ Pianaura (350 m), kurz danach rechts abbiegen. Immer bergauf gelangt man zum Weiler ❺ Troiana und nach einer kurzen Schiebepassage zur Abzweigung in ❻ Carobbi (754 m). Den Forstweg links bis zur Kirche ❼ Madonna del Monte Carmelo (533 m) talwärts abfahren. Hinter der Kirche auf dem kaum sichtbaren Singletrail bis ❽ Braila Bassa und rechtshaltend der asphaltierten Straße talwärts folgen. Bei der ersten Kreuzung links halten. Nach ca. 600 m stößt man auf eine Gabelung, hier rechts auf dem Forstweg (Schild „La Casina) abfahren, der in leichter Steigung in eine asphaltierte Straße mündet; links der Straße bis zum Berggasthof ❾ La Casina (540 m) und dort in die Forststraße (Kalkofen) einfahren. Ein Wechsel von Schiebepassagen und Singletrails führt bis zur Ortschaft ❿ Maso Michelotti. Der Straße entlang bis zur ⓫ Kreuzung mit Madonnenfigur; rechts in die Forststraße abbiegen. Nun den Weinbergen entlang bis ⓬ Masi di Vigo und zum Restaurant Genzianella talwärts bis zum ⓭ Passo San Udalrico (584 m). Auf der Provinzstraße 500 m Richtung Cavedine und links in die Via Croseta einfahren. Unweit einer ⓮ verlassenen Hofstelle gelangt man über einen kurzen steilen Trail zu einer Kreuzung. Linkshaltend ein kurzes Stück der asphaltierten Straße und dem Forstweg bis zur Passeggiata Cavedine folgen. In nördlicher Richtung den langen Bergrücken queren. Links den Singletrail Richtung Cavedine-See nicht verpassen (Einfahrt kaum sichtbar). Am Ende des Trails linkerhand in die ⓯ Via Trebi und weiter talwärts bis zum Ort ⓰ Trebi (270 m). Bei der ⓱ Einmündung in die Straße zum Cavedine-See; links halten und kurz danach rechts auf dem Forstweg bis zum Staudamm des Sees fahren. Ein steiler Pfad endet bei der Kreuzung ⓲ Monte Taglio di Sarca. Links weiter auf dem Radweg bis zum E-Werk ⓳ Centrale di Fies (195 m) und zur Einkehrstation ⓴ Bike & Wine. Das Dorf ㉑ Dro (123 m) passieren und der Via Battisti bis zur ㉒ Römerbrücke folgen. Über die Brücke und links auf dem Sentiero Campagnola bis ㉓ Maso Lizzone und zum Ausgangspunkt zurück.

Asphalt	Radweg	Forstweg	Singletrail	Tragen/Schieben
47 %	14 %	32 %	6 %	1 %

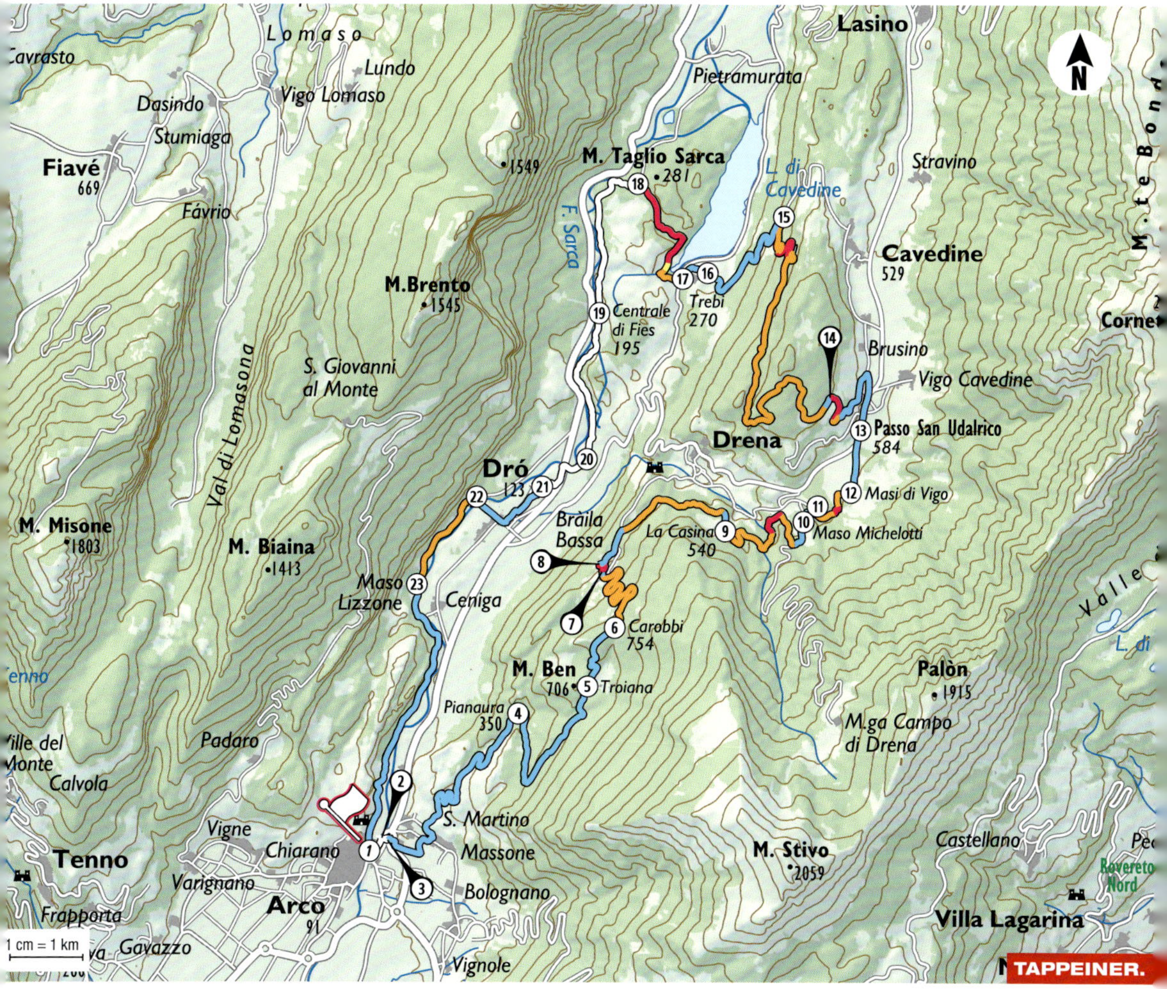

12 MAROCCHE-UMRUNDUNG

Start und Ziel:
Dro, 123 m

Höchster Punkt:
Pozze, 390 m

Strecke: 20 km

Höhenmeter bergauf: 500 m

Höhenmeter bergab: 500 m

Zeit: 2–3 Std.

Schwierigkeit: ●●○○○

Kondition: ●●○○○

Uphill: ●○○○○

Downhill: ●●○○○

Tourenmonate: ganzjährig

Kartenmaterial: Tabacco, Blatt 055, Valle del Sarca – Arco – Riva del Garda

Anfahrt:
Brennerautobahn A22, Ausfahrt Trento Nord, Sarcatal, Dro

Brennerautobahn A22, Ausfahrt Rovereto Sud, Mori, Nago, Dro

Cavedine-See

Die Marocche di Dro sind etwa 250 Meter hohe Steinhügel, die durch verschiedene Bergstürze während der Eiszeit aufgeworfen wurden. Das Gebiet ist als Biotop geschützt, ein eigener Rundkurs kann aber zu Fuß bewältigt werden. Der Strecke entlang beschreiben 24 Schautafeln Wissenswertes über die Morphologie und der spärlichen Flora und Fauna dieser interessanten Steinformationen.

Gemütliche Halbtages-Runde im Sarcatal nördlich von Dro. Für diese Tour musste man vor einigen Jahren noch über Feldwege, Hauptstraßen und unfahrbaren Pfaden mögliche Verbindungen suchen. Mittlerweile gibt es schöne Radwege und mehrere Tourenmöglichkeiten sind ausgeschildert. Wer die Tour abkürzen und den Singletrail meiden möchte, kann von Monte Taglio di Sarca direkt auf dem Radweg bis nach Dro abfahren.

Tourenbeschreibung

Von der Piazza della Repubblica in ❶ Dro (123 m) in westlicher Richtung bis zur Römerbrücke. Nach der Brücke rechts der MTB-Route Richtung Molinei folgen. Auf der schönen Forststraße gelangt man zur Kreuzung am ❷ Lago Bagàttoli (der kleine See liegt etwas tiefer). Immer in nördlicher Richtung erreicht man die sogenannte ❸ Parete Zebrata und kurz danach einen Hubschrauber-Notlandeplatz. Hier rechts bleiben (Wegweiser Pietramurata folgen). Auf einem kniffligen Singletrail erreicht man die ❹ Motocross-Piste Ciclamino. Kurz zur Staatsstraße abfahren (Wegweiser Anello Garda Sarca) und am besten auf dem Gehsteig bis ❺ Pietramurata (254 m). Beim Kreisverkehr rechts halten in südlicher Richtung drehend der Beschilderung folgen. Dem Radweg entlang bis zur Kreuzung ❻ Monte Taglio di Sarca und weiter links dem kniffligen Singletrail bis zum ❼ Staudamm des Cavedine-Sees folgen. Kurz zur ❽ SP 214 fahren und auf der Via Lastoni bergauf weiter. Nach etwa 1 km rechts steil bergauf in die Via Pozze wechseln. Nach wenigen Höhenmetern erreicht man den höchsten Punkt dieser Tour, ❾ Pozze (390 m). Die leichte Abfahrt kreuzt die Provinzstraße ❿ SP 84; die Straße überqueren und den Waldweg weiter talwärts bis zur Ortschaft ⓫ Rio Salagoni folgen. Am Ende der Talfahrt gelangt man wieder in die ⓬ Provinzstraße, ca. 100 m der Straße bergab folgen und rechts weiter Richtung Centrale Volta. Die letzten Kilometer auf dem Radweg bis zum Dorfzentrum nach Dro.

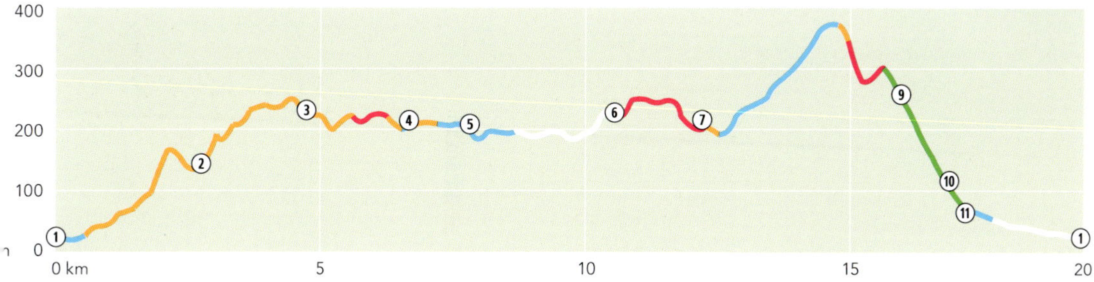

400

300

200

100

0 km   5   10   15   20

Asphalt	Radweg	Forstweg	Wald/Wiese	Singletrail
26 %	18 %	33 %	8 %	15 %

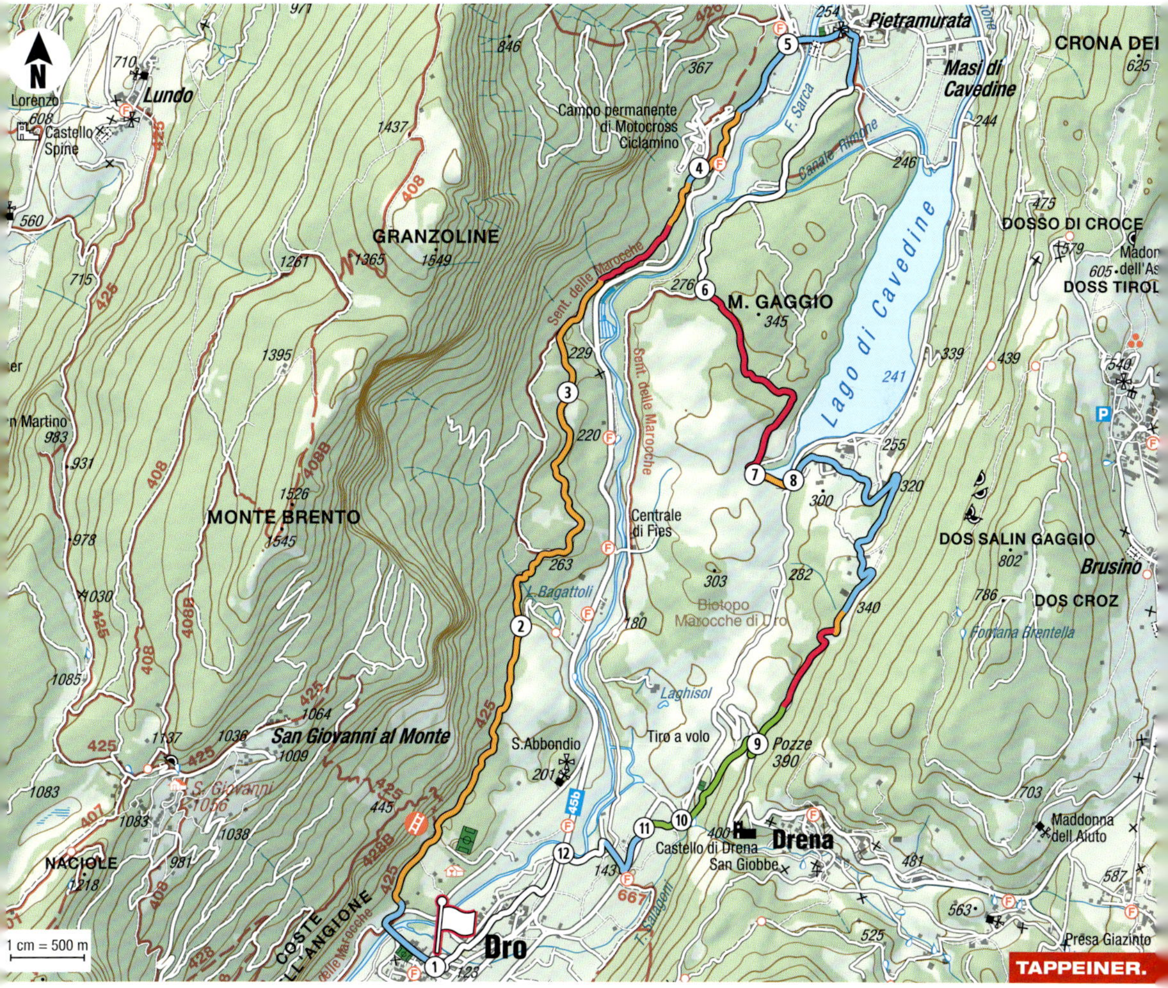

N

1 cm = 500 m

Lundo
Castello Spine
GRANZOLINE
MONTE BRENTO
San Giovanni al Monte
NACIOLE
COSTE DELL'ANGIONE
Dro

Campo permanente di Motocross Ciclamino
Pietramurata
CRONA DEI
Masi di Cavedine
DOSSO DI CROCE
DOSS TIROL
M. GAGGIO
Lago di Cavedine
DOS SALIN GAGGIO
Brusino
DOS CROZ
Centrale di Fies
Bagattoli
Biotopo Marocche di Dro
Laghisol
S.Abbondio
Tiro a volo
Pozze
Castello di Drena
San Giobbe
Drena
Maddonna dell'Aiuto
Presa Giazinto

TAPPEINER.

13   VON RONZO-CHIENIS NACH SANTA BARBARA

Start und Ziel:
Ronzo-Chienis, 974 m

Höchster Punkt:
Pozze Roccolo, 1320 m

Strecke: 22 km

Höhenmeter bergauf: 790 m

Höhenmeter bergab: 790 m

Zeit: 3 Std.

Schwierigkeit: ●●●○○

Kondition: ●●●○○

Uphill: ●●●○○

Downhill: ●●○○○

Tourenmonate: Mai–Oktober

Kartenmaterial: Tabacco, Blatt
055, Valle del Sarca–Arco–Riva
del Garda

Anfahrt:
Brennerautobahn A22, Ausfahrt
Trento Nord, Sarcatal, Nago,
Ronzo-Chienis

Brennerautobahn A22, Ausfahrt
Rovereto Sud, Mori, Nago,
Ronzo-Chienis

Ronzo-Chienis liegt auf 974 m und ist der Hauptort des Grestatales. Das milde Klima, die ideale Höhe, die guten Böden und
nicht zuletzt der Fleiß der Bauern waren die Voraussetzungen
für den biologischen Anbau von vielerlei Gemüse. Nicht umsonst
wird dieses Gebiet heute auch das „Tal der Biologischen Gärten"
genannt.

Mittelschwere Biketour für heiße Tage abseits vom hektischen
Treiben am Gardasee. Die ausgeschilderte Tour (Percorso B) ist an
manchen Stellen etwas verwirrend, der GPS-Track kann dort gute
Hilfe leisten. Die abwechslungsreiche Streckenführung verlangt
eine gute Kondition und eine sichere Fahrtechnik. Der knackige
Singletrail ab Santa Barbara wird wohl einigen ein breites Grinsen
entlocken. Nach dem Dörfchen Pannone ist kurz vor dem Ziel eine
kurze Schiebepassage.

Tourenbeschreibung

Vom Friedhof in ❶ Ronzo-Chienis (974 m) auf der Hauptstraße 800 m
bergauf bis zur Gabelung mit dem ❷ Wegkreuz. Links auf der steilen Nebenstraße weiterfahren. Der Beschilderung folgend gelangt
man über einen kurzen Forstweg auf die Provinzstraße ❸ SP 88, der
man bergauf bis zum ❹ Passo Bordala (1253 m) folgt. Gleich nach
dem Gasthof am Passübergang links in den Forstweg einfahren. Bei
❺ Pozze Roccolo (1320 m) erreicht man den höchsten Punkt und
nach ca. 1 km die ❻ Baita degli Alpini. Der asphaltierten Bergstraße
bis zur ❼ St.-Antonio-Kapelle (1265 m) folgen. Bergab weiter bis
zur ❽ Baita Castil und bei der ersten ❾ Abzweigung rechts dem
Wegweiser Malga Zanga/Percorso „D" folgen. Ein fahrbarer Waldweg führt hier direkt zur ❿ Malga Zanga (1142 m, Ausschank). Die
steile Straße (betoniert) bis zur Kreuzung Monte Velo abfahren und
linkshaltend (Markierung Nr. 608) bis zum Gasthof ⓫ Agritur Monte
Velo (1020 m). Bergab weiter bis zur ⓬ Kreuzung mit der SP 48. Der
Straße bis zum Übergang ⓭ Santa Barbara (1169 m) folgen. Vor dem
Gasthof Genzianella rechts Richtung Pannone/Percorso „B" abfahren. Der Beschilderung folgend, erreicht man nach einer langen Abfahrt den ⓮ Capitello di San Rocco. Weiter bis zur ⓯ SP 88 und kurz
talwärts bis zum Dorf ⓰ Pannone (770 m). Von der Piazza Grande
über die Via C.-Mainistraße bis zum ⓱ Mulino di Pannone abfahren. Nach der Brücke die Wiesen bis zum Waldrand queren, bei der
⓲ Gabelung links in den steilen Waldweg bergauf einfahren (keine
Beschilderung vorhanden). Ein zum Teil steiler und holpriger Weg
(kurze Schiebepassage!) endet in einer asphaltierten Straße unweit
vom Ausgangspunkt in Ronzo-Chienis.

Ausgeschilderte MTB-Tour ▶ Percorso B

Asphalt	Forstweg	Wald/Wiese	Tragen/Schieben
57 %	19 %	23 %	1 %

14 BIAENA-UMRUNDUNG

Start und Ziel:
Ronzo-Chienis, 974 m

Höchster Punkt:
Malga Somator, 1311 m, und kurz
vor La Baita, 1200 m

Strecke: 29 km

Höhenmeter bergauf: 1200 m

Höhenmeter bergab: 1200 m

Zeit: 3 ½–4 ½ Std.

Schwierigkeit: ●●●○○

Kondition: ●●●○○

Uphill: ●●●●○

Downhill: ●●○○○

Tourenmonate: Mai–September

Kartenmaterial: Tabacco, Blatt
055, Valle del Sarca – Arco – Riva
del Garda

Anfahrt:
Brennerautobahn A22, Ausfahrt
Trento Nord, Sarcatal, Nago,
Ronzo-Chienis

Brennerautobahn A22, Ausfahrt
Rovereto Sud, Mori, Nago,
Ronzo-Chienis

Ronzo-Chienis

Die Rundumsicht vom 1615 m hohen Monte Biaena hatte im
Ersten Weltkrieg eine strategische Bedeutung: vom Gipfel aus
konnte man ein weites Gebiet überwachen. Mehrere Schützengräben, Reste einer Materialseilbahn und die verfallene Anlage
für die Trinkwassersammlung zeugen noch heute von diesem
tragischen Krieg. Dieser Rundkurs macht zwei Schleifen und
ändert ständig die Fahrtrichtung; dafür gibt es Aussichten in
verschiedenen Himmelsrichtungen: auf das Grestatal mit seinen
geometrisch angelegten Gemüsefeldern, auf das Vallagarina,
auf Rovereto und auf den Monte Stivo und der Monte-Baldo-
Gruppe.

Ein abwechslungsreiches Unterfangen abseits vom Massentou-
rismus: auf der Ostseite des Grestatales ist es noch ruhig, vom
Talkessel steigt nur der dumpfe Lärm der Brennerautobahn auf.
Die Tour wird im Uhrzeigersinn gefahren, wer die Strecke etwas
abkürzen möchte, kann am Ende der ersten Schleife beim Gasthof La Baita direkt nach Ronzo-Chienis abfahren. Am Höhenprofil
erkennt man bereits die Berg- und Talfahrten, technisch einfach,
aber sehr steil. Ein idealer Einkehrort ist die Malga Somator auf
halber Strecke.

Tourenbeschreibung

Vom Friedhof in ❶ Ronzo-Chienis (974 m) auf der Hauptstraße
800 m bergauf bis zur Gabelung mit dem ❷ Wegkreuz. Links
dem Wegweiser „Percorso A" steil bergauf bis zur Abzweigung
zur Baita degli Alpini folgen. Geradeaus weiterfahren und auf der
Forststraße bis ❸ Acqua delle Fontanelle (1268 m). Bis ❹ Cà dei
Festi und der ❺ Einmündung in die Straße zum Passo Bordala
SP 88 abfahren. Auf der Provinzstraße bis ❻ Selve und weiter
bis zum ❼ Passo Bordala (1253 m). Kurz vor dem Passübergang
leicht bergauf bis zur ❽ Malga Somator (1311 m). Anfangs noch
auf der asphaltierten Straße, dann auf der steilen Forststraße bis
❾ Sfessa abfahren. Weiter in Richtung Lenzima bis zur Einmündung in die ❿ SP 45 (18 % Gefälle); links der Route folgend bis
zum ⓫ Maso Pilon. Bergauf weiter bis ⓬ Castel Corno und auf
der steilen asphaltierten Straße (Schiebepassage) bis ⓭ Nagustel
(1100 m). Weiter Richtung Passo Bordala/Malga Somator und über
einen steilen Forstweg dem Wegweiser Richtung Ronzo folgen.
Kurz zum Gasthof ⓮ La Baita (1200 m) abfahren. Gleich neben
dem Gasthof links auf der Nebenstraße bis zur ⓯ Einmündung in
die SP 88, ein kurzes Stück der Straße entlang und der Beschilderung folgend nach Ronzo-Chienis zurück.

Ausgeschilderte MTB-Tour   Percorso A ▸

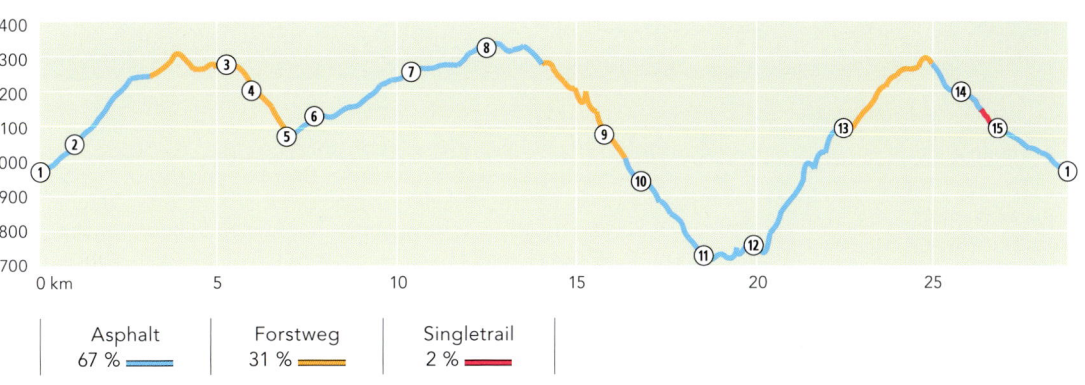

Asphalt	Forstweg	Singletrail
67 %	31 %	2 %

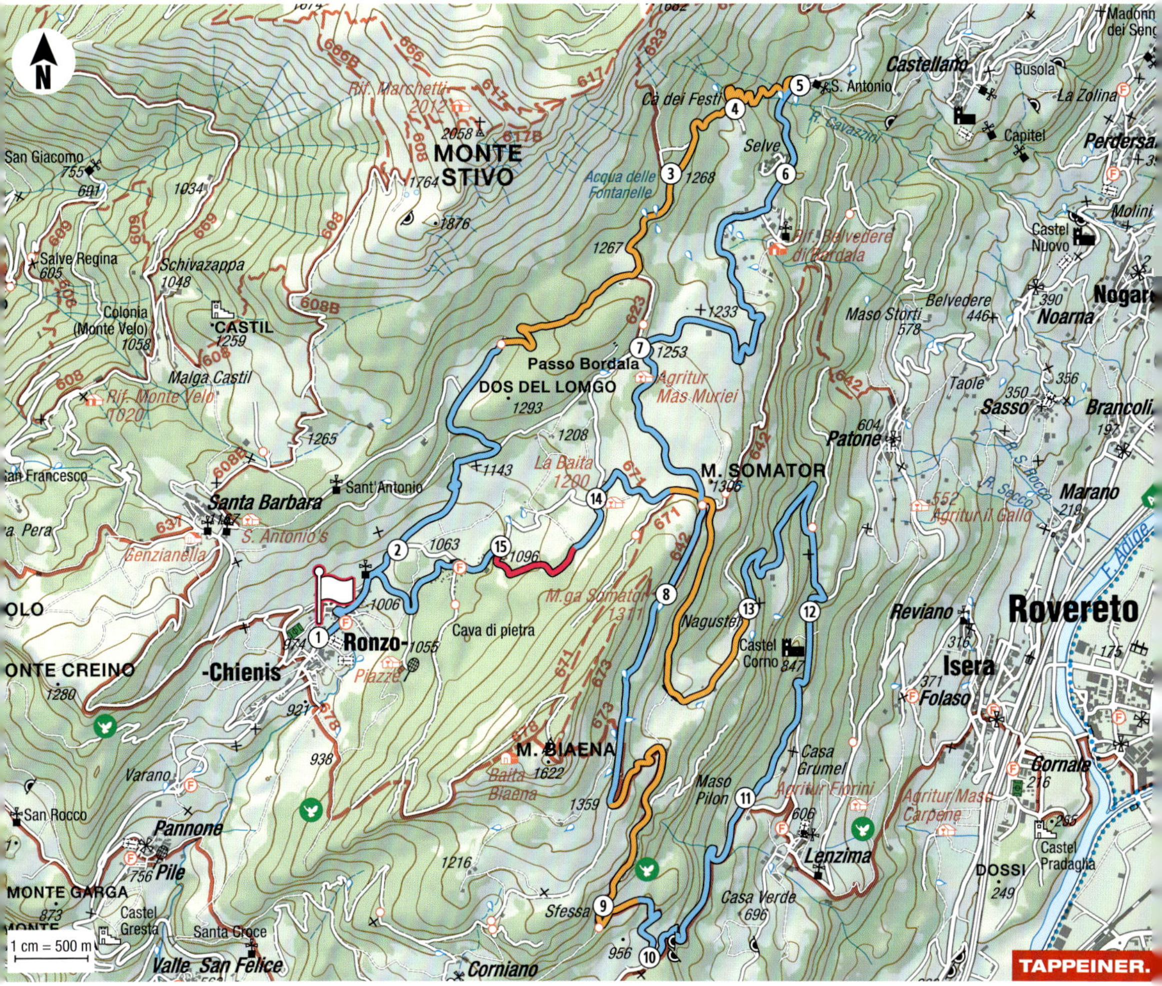

15 ZUM CORNO DELLA PAURA

Start und Ziel:
Brentonico, 700 m

Höchster Punkt:
Kriegerdenkmal unter dem
Monte Vignola, 1500 m

Strecke: 32 km

Höhenmeter bergauf: 1100 m

Höhenmeter bergab: 1100 m

Zeit: 3 ½–4 ½ Std.

Schwierigkeit: ●●●○○

Kondition: ●●●○○

Uphill: ●●●○○

Downhill: ●●○○○

Tourenmonate: Mai–September

Kartenmaterial: Kompass, Blatt
691, Monte Baldo Nord

Anfahrt:
Brennerautobahn A22, Ausfahrt
Trento Nord, Sarcatal, Mori,
Brentonico

Brennerautobahn A22, Ausfahrt
Rovereto Sud, Mori, Brentonico

Großteils fahren Tausende von Urlaubern an Mori Richtung Gardasee vorbei. Die Hochfläche von Brentonico ist nur 9 Kilometer von Mori entfernt: ruhig, überschaubar mit vielen kleinen, weit verstreuten Ortschaften, eine ideale Destination zum Biken. Im Winter kann man auf den Hügeln von San Valentino-Polsa auch Ski fahren, in San Giacomo langlaufen und in Brentonico eislaufen. Das Panorama ist auf dieser Tour nach drei Himmelsrichtungen hin offen. Der Blick schweift ins Etschtal zu den Monti Lessini, zum Monte Vignola und auch die Dolomiten sind noch gut erkennbar. Mit ihren über 2000 m hohen Gipfeln trennt im Westen die Monte-Baldo-Gruppe das Etschtal vom Gardasee.

Für diese Tour bleibt keine Zeit zum Aufwärmen, die Steigung bis Festa ist noch harmlos ... Gefordert wird man vor allem auf der teilweise betonierten Bergstraße mit zwei zähen Schiebepassagen bis S. Giacomo. Der schönste Teil beginnt in S. Valentino auf Militärwegen mit etlichen finsteren Tunnels; den Bergrücken entlang erreicht man das Kriegerdenkmal am Fuße des Monte Vignola. Der Felsvorsprung Corno della Paura liegt etwa in der Mitte des Kammes und kann nur zu Fuß bestiegen werden. Viele Kriegsreste zeugen hier vom Ersten Weltkrieg. Die Orientierung ist einfach und der Strecke entlang laden mehrere Almen und Gasthöfe zur Einkehr ein.

Tourenbeschreibung

Vom Dorfplatz in ❶ Brentonico (700 m) bis zur Hauptstraße, diese überqueren und bergauf bis ❷ Festa (880 m) fahren. Vor dem Gasthof in Festa links der Beschilderung S. Giacomo folgen. Nach zwei anstrengenden Schiebepassagen führt die steile, zum Teil betonierte Bergstraße bis ❸ S. Giacomo (1200 m). Auf dem parallel zur Hauptstraße verlaufenden Radweg weiter Richtung S. Valentino. Nach etwa 1 km links dem Forstweg unterhalb der Straße bis zum ❹ Camping Ciclamino (1190 m) folgen. Vom Campingplatz zur Hauptstraße ❺ SP 3 hochfahren und der Straße entlang bis nach ❻ S. Valentino (1314 m). Kurz auf der SP 208 Richtung Avio bis zur ❼ Pizzeria Sole di Baldo, wo man links der Beschilderung Corno della Paura folgt. Über einen sanften Bergrücken erreicht man die Abzweigung zum ❽ Corno della Paura (1470 m). Ein alter Militärweg schlängelt sich bis zur ❾ Bocca d'Ardole (1387 m) steil bergab. Wieder bergauf (Beschilderung Monte Vignola Nr. 687), erreicht man das ❿ Kriegerdenkmal auf 1500 m. Bergab auf der Schotterstraße bis zum ⓫ Camping La Polsa (1290 m) und weiter bis zum Dorf ⓬ Prada (768 m). Auf der Hauptstraße die letzten Kilometer bis zum Startpunkt in Brentonico zurückfahren.

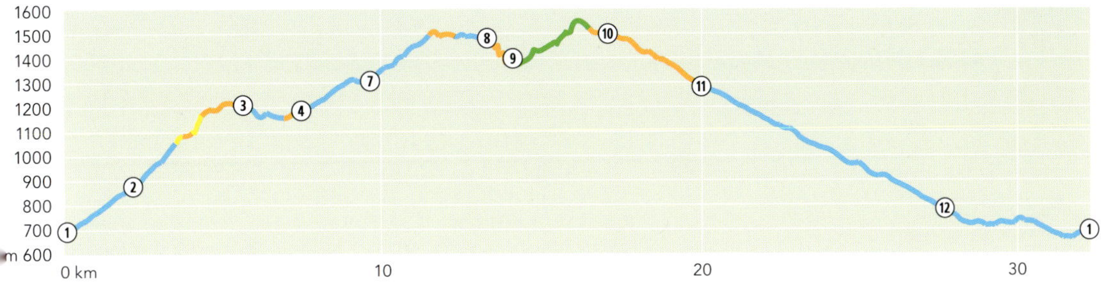

Elevation profile

1600	
1500	⑧ ⑨ ⑩
1400	
1300	⑦ ⑪
1200	③ ④
1100	
1000	
900	②
800	
700	① ⑫ ①
m 600	

| 0 km | 10 | 20 | 30 |

Asphalt	Forstweg	Wald/Wiese	Tragen/Schieben
68 %	22 %	8 %	2 %

16 NAGO – MALGA CAMPEI

Start und Ziel:
Nago, 220 m

Höchster Punkt:
Bocca di Varagna, 1700 m

Strecke: 38 km

Höhenmeter bergauf: 1640 m

Höhenmeter bergab: 1640 m

Zeit: 5–6 Std.

Schwierigkeit: ●●●●○

Kondition: ●●●●●

Uphill: ●●●○○

Downhill: ●●●○○

Tourenmonate: Mai–September

Kartenmaterial: Kompass, Blatt 691, Monte Baldo Nord

Anfahrt:
Brennerautobahn A22, Ausfahrt Trento Nord, Sarcatal, Nago

Brennerautobahn A22, Ausfahrt Rovereto Sud, Mori, Nago

Malga Campei

Zwischen Riva del Garda und Torbole herrscht in den Sommermonaten fast schon Hektik. Nago liegt etwas höher auf 220 m und ist für diese Tour der ideale Startpunkt; in Dorfnähe findet man auch meistens Parkplatz. Die Monte-Baldo-Straße ist steil, aber bis Prati di Nago asphaltiert. An heißen Sommertagen ist in diesem Abschnitt die Hitze unerträglich, frühes Aufstehen ist daher angesagt. Die schmucke Malga Campei liegt etwas abseits am Fuße des Monte Altissimo und ist noch ein geheimes Ziel für Genießer. Die Aussicht von dieser Hochalm auf das Etschtal, der Val di Gresta und der Pasubio-Gruppe ist einmalig. Die gastfreundliche Pächterin und ihre Familie kochen hier noch traditionelle Gerichte aus dem Trentino.

Lange, anstrengende Biketour abseits von Lärm und Verkehr. Der Aufstieg und die Abfahrt sind lang und steil, fordern aber kein übermäßiges fahrtechnisches Können. Der Weg, der von der Alm talwärts sticht, besteht aus zwei schmalen, betonierten Streifen, dort ist etwas Vorsicht angesagt. Die Bremsanlage muss in den Bergen ohnehin einwandfrei funktionieren. Das letzte Teilstück bis zum Ausgangspunkt verläuft auf dem schönen Radweg zum Gardasee.

Tourenbeschreibung

Vom kleinen Parkplatz, nahe dem Friedhof von ❶ Nago (220 m), 100 m in östlicher Richtung und rechts dem Wegweiser „Strada del Monte Baldo" folgen. Die lange, schmale und teilweise steile Bergstraße führt bis zur ❷ Malga Zures (639 m). Immer der Straße folgend, vorbei an der ❸ Malga Casina (1040 m), erreicht man die Lichtung von ❹ Prati di Nago (1220 m). Die asphaltierte Straße mündet nach etwa 2 km in eine Forststraße (Wegweiser Altissimo). Steil bergauf, schlängelt sich diese bis zum höchsten Punkt der Tagestour, der ❺ Bocca di Varagna (1700 m). Von der Scharte links auf dem Singletrail in die Val de Parol abfahren (Markierung Nr. 624). Über einem kurzen Forstweg gelangt man direkt zur ❻ Malga Campei (1470 m). Von der Alm den 3,4 Kilometer langen betonierten Talweg abfahren (extrem steil!). Auf der Forststraße immer bergab gelangt man zu einer ❼ Schranke, links der Beschilderung Nr. 7/Nago folgen. Nach einigen steilen Gegenanstiegen beginnt rechtshaltend die flotte Abfahrt bis zum Dörfchen ❽ Sano (260 m). Der MTB-Beschilderung Nago/Torbole folgend, (etwas verwirrend durch die Felder) erreicht man nach einer Kehrtwendung den Radweg zum Gardasee. Auf dem Radweg Richtung See, vorbei am Lago di Loppio bis zum ❾ Passo San Giovanni (287 m). Kurz vor Nago mündet man in die Hauptstraße mit der ❿ Ampel. Die Straße überqueren und zum Ausgangspunkt zurück.

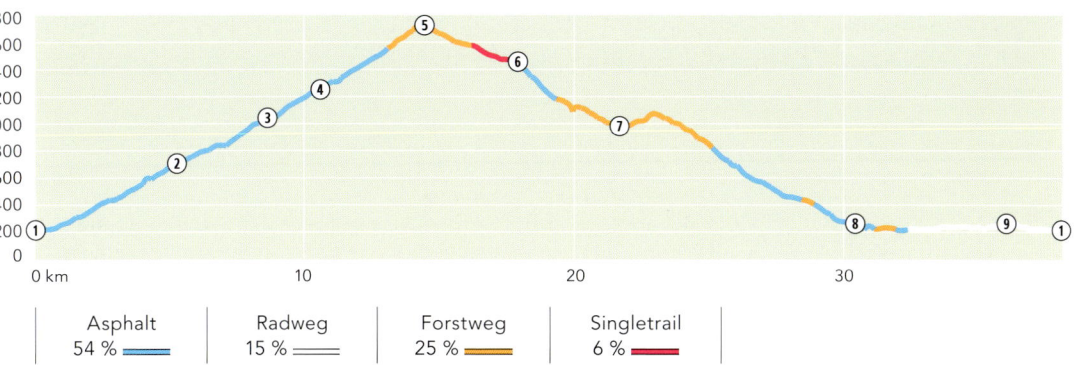

Asphalt	Radweg	Forstweg	Singletrail
54 %	15 %	25 %	6 %

17 TORBOLE – LAGO DI TOBLINO

Start und Ziel:
Torbole, 70 m

Höchster Punkt:
Pareti Zebrate, 300 m

Strecke: 52 km

Höhenmeter bergauf: 335 m

Höhenmeter bergab: 335 m

Zeit: 3 ½–4 ½ Std.

Schwierigkeit: ●●●○○

Kondition: ●●●●○

Uphill: ●●○○○

Downhill: ●○○○○

Tourenmonate: April–November

Kartenmaterial: Tabacco, Blatt 055, Valle del Sarca – Arco – Riva del Garda

Anfahrt:

Brennerautobahn A22, Ausfahrt Trento Nord, Sarcatal, Torbole

Brennerautobahn A22, Ausfahrt Rovereto Sud, Mori, Torbole

Toblinosee mit Monte Altissimo

Diese lange Tour durch das Sarcatal und dem Valle dei Laghi bis zum Castel Toblino verläuft vorwiegend dem schönen Radweg entlang. Von Arco folgt man der Nebenstraße unter den steil abfallenden Pareti Zebrate. Der malerische Toblinosee ist der Umkehrpunkt: er besticht vor allem durch seine einmalige Lage, eingekeilt zwischen Hügeln, Wäldern, Wein- und Obstgärten. Auf einer kleinen Halbinsel am Ende des Sees erhebt sich das Castel Toblino. Heute ist das Schloss ein renommiertes Restaurant und willkommene Raststation.

Diese gut ausgeschilderte Radtour ist auch E-Bike tauglich, für die 52 Kilometer sollte man aber „sattelfest" sein. Entlang des Seeweges ist das Radfahren leider verboten.

Tourenbeschreibung

Von der Bar Mecki in ❶ Torbole in nördlicher Richtung dem Radweg entlang bis zum Parkplatz in ❷ Arco (90 m); großer Parkplatz bei der Brücke über dem Sarcafluss. Links vom Parkplatz Richtung Campingplätze abfahren, der Straße bis zur ❸ Römerbrücke folgen. Weiter bis zum ❹ Maso Lizzone und zur ❺ Brücke über dem Sarca in Dro (Beschilderung „Anello Garda Sarca). Auf dem Sentiero Mulinel gelangt man zum ❻ Lago Bagattoli (liegt etwas tiefer) und zu einer Lichtung mit dem ❼ Hubschrauber-Landeplatz (Pareti Zebrate). Rechts der Beschilderung nach Pietramurata folgen. Ein etwas kniffliger Trail, hoch über der Staatsstraße, mündet direkt bei der ❽ Motocross-Piste Ciclamino. Zur ❾ Hauptstraße abfahren (Wegweiser Anello Garda Sarca) und auf dem Gehsteig bis zum Kreisverkehr in ❿ Pietramurata (254 m). In östlicher Richtung bis zur Brücke über den Sarca-Fluss abfahren und links dem Radweg bis zur ⓫ Einmündung in die SS 237 bei Sarche folgen. Bei den zwei folgenden Kreuzungen rechts halten, den Kreisverkehr passieren und der Beschilderung folgend bis zum ⓬ Friedhof. Unweit davon gelangt man wieder auf die ⓭ Staatsstraße. Der Straße (in den Sommermonaten stark befahren) bis zum ⓮ Toblinosee und zum Umkehrpunkt ⓯ Castel Toblino (247 m) folgen. Auf der gleichen Strecke bis nach ⓰ Sarche (250 m) zurückfahren. Man folgt dann etwa 350 m der Hauptstraße nach Madonna di Campiglio und der Auffahrtsstrecke bis zur Brücke in Pietramurata zurück. Bei der Brücke, linkshaltend der Beschilderung Torbole/Dro folgen. Nach einer leichten Steigung beginnt die Abfahrt bis zum E-Werk ⓱ Centrale di Fies (159 m). Vorbei am Einkehrpunkt ⓲ Bike & Wine und auf dem Radweg/Radroute bis nach Dro. Das Dorf passieren und bis zur Ortschaft ⓳ Ceniga (108 m) weiterfahren. Immer in südlicher Richtung bis zur Holzbrücke vor Arco. Über die Brücke bis zum Parkplatz und auf dem Radweg bis zum Startpunkt nach Torbole zurück.

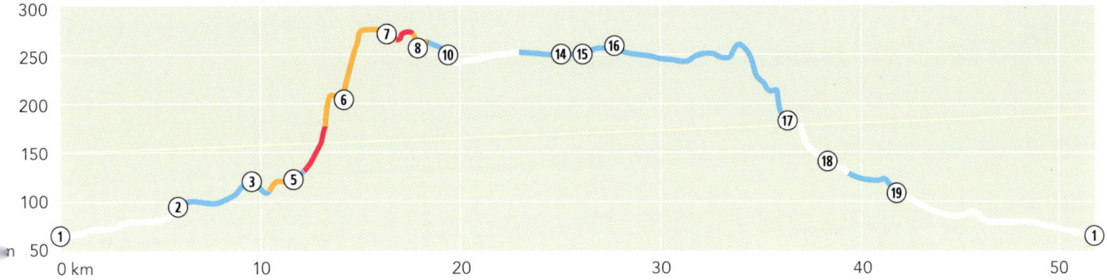

Asphalt 40 %   Radweg 45 %   Forstweg 11 %   Singletrail 4 %

1 cm = 1,7 km

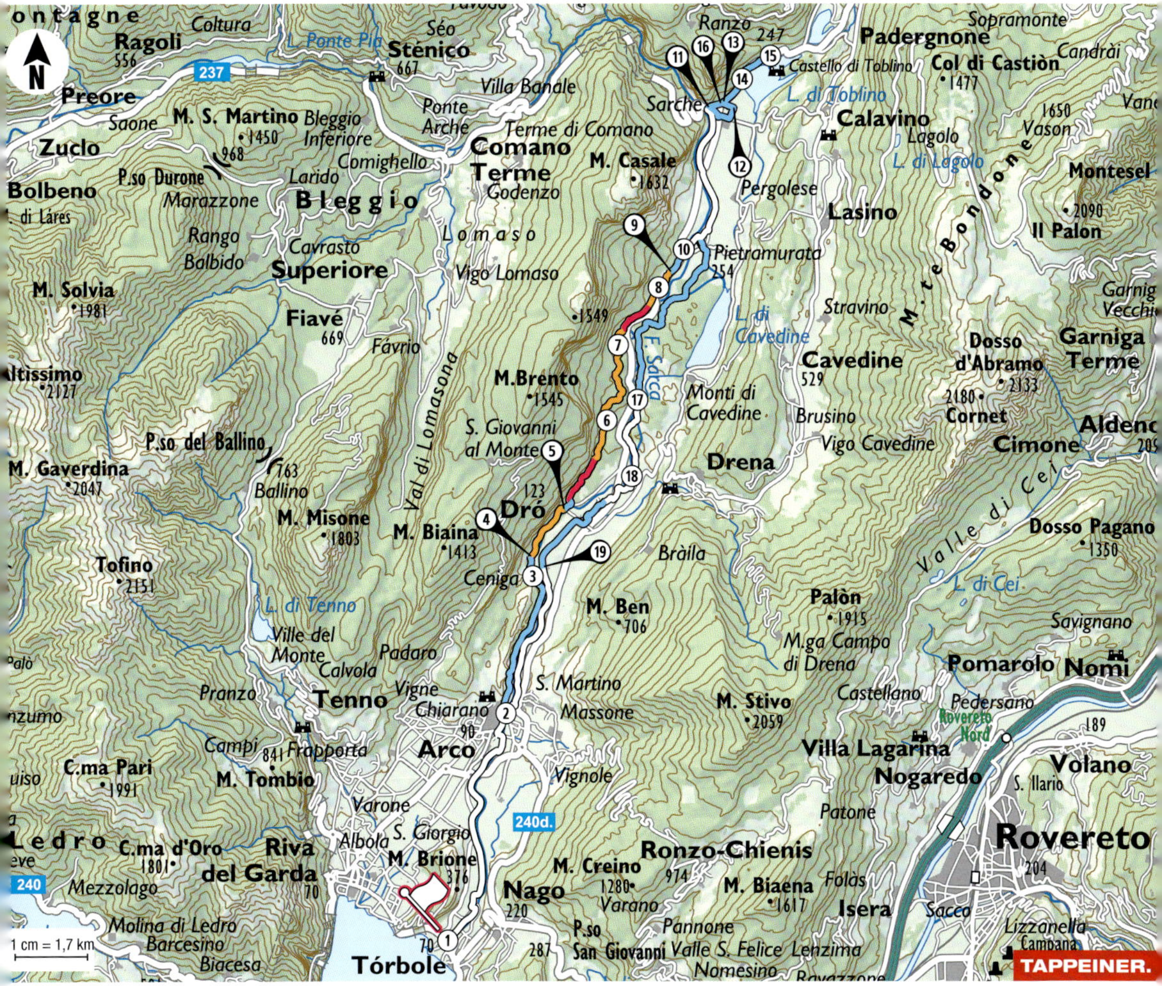

18   TORBOLE – MALCESINE

Start und Ziel:
Torbole, 70 m

Höchster Punkt:
1170 m

Strecke: 25 km

Höhenmeter bergauf: 1170 m

Höhenmeter bergab: 1170 m

Zeit: 3½–4½ Std.

Schwierigkeit: ●●●●●

Kondition: ●●●●●

Uphill: ●●●○○

Downhill: ●●●●○

Tourenmonate: Mai–September

Kartenmaterial: Tabacco, Blatt 055, Valle del Sarca – Arco – Riva del Garda

Anfahrt:
Brennerautobahn A22, Ausfahrt Trento Nord, Sarcatal, Torbole

Brennerautobahn A22, Ausfahrt Rovereto Sud, Mori, Torbole

Bei seiner zweijährigen Italienreise war bereits Goethe 1786 von Torbole, dem Örtchen am Ende des nördlichen Sees begeistert. Die ersten Bergradler habe diese kleine Hafenstadt vor über 25 Jahren als idealen Startpunkt für ihre Touren zum Monte Altissimo und seiner Umgebung entdeckt.

Die Auffahrt verläuft in einem Stück auf der bekannten Monte-Baldo-Straße. Die schmale Bergstraße ist asphaltiert, steil und in den Sommermonaten sehr heiß. In südlicher Richtung quert man leicht bergab einen schattigen Wald. Vom höchsten Punkt aus gelangt man auf einem holprigen Forstweg zum Einstieg in die eigentliche Abfahrt: der ausgesetzte Singletrail windet sich steil nach unten und ist nur für Könner fahrbar. Von Malcesine kann man mit der Fähre gemütlich nach Torbole zurückfahren (Fahrplan konsultieren, nicht alle Fähren transportieren Bikes!). Alternativ könnte man auf der Gardesana den Retourweg einschlagen. Auf dieser Straße herrscht immer starker Verkehr und in den langen Tunnels ist eine Beleuchtung „überlebenswichtig".

Tourenbeschreibung

Vom Goetheplatz in ❶ Torbole (70 m) auf der steilen Nebenstraße (Wegweiser Radroute) bergauf bis ❷ Nago (220 m). Zur Dorfmitte fahren, bei der ❸ Piazza Pesarol auf der Via San Vigilio dem Wegweiser „Anello Garda Sarca"/Monte Baldo folgen. Kurz darauf gelangt man zu einer ❹ Kreuzung mit Madonnenfigur; linkshaltend beginnt die steile Auffahrt Richtung Monte Baldo. Die asphaltierte Bergstraße windet sich bis zur ❺ Malga Zures (639 m) hoch. Auf der Straße immer bergauf gelangt man zur ersten ❻ Wegschranke; rechts bleiben (Wegweiser Doss del Mosca). Bei der zweiten ❼ Schranke, links halten, der Wegnummer 6 folgen. Auf dem zum Teil steilen und holprigen Forstweg Richtung Navene/Malcesine erreicht man im Wald den höchsten Punkt dieser Biketour. Die Talfahrt beginnt mit einigen kaum fahrbaren, hohen Steilstufen. Über den anspruchsvollen Singletrail gelangt man dann zum ❽ Dosso Spirano (873 m). In Richtung Navene (Weg Nr. 6) schlängelt sich ein ausgesetzter Pfad weiter nach unten bis zur ❾ Einmündung in die Forststraße. Immer talwärts gelangt man zu einer ❿ asphaltierten Straße, die bis zur ⓫ Gardesana SR 249 führt. Auf dem Radweg in südlicher Richtung bis zur Ortschaft ⓬ Martora und über die Strada dell'Olio bis ⓭ Malcesine (95 m). Mit der Fähre über Limone nach Torbole zurück.

Torbole mit Blick Richtung Süden

Asphalt	Radweg	Forstweg	Singletrail
54 %	4 %	22 %	20 %

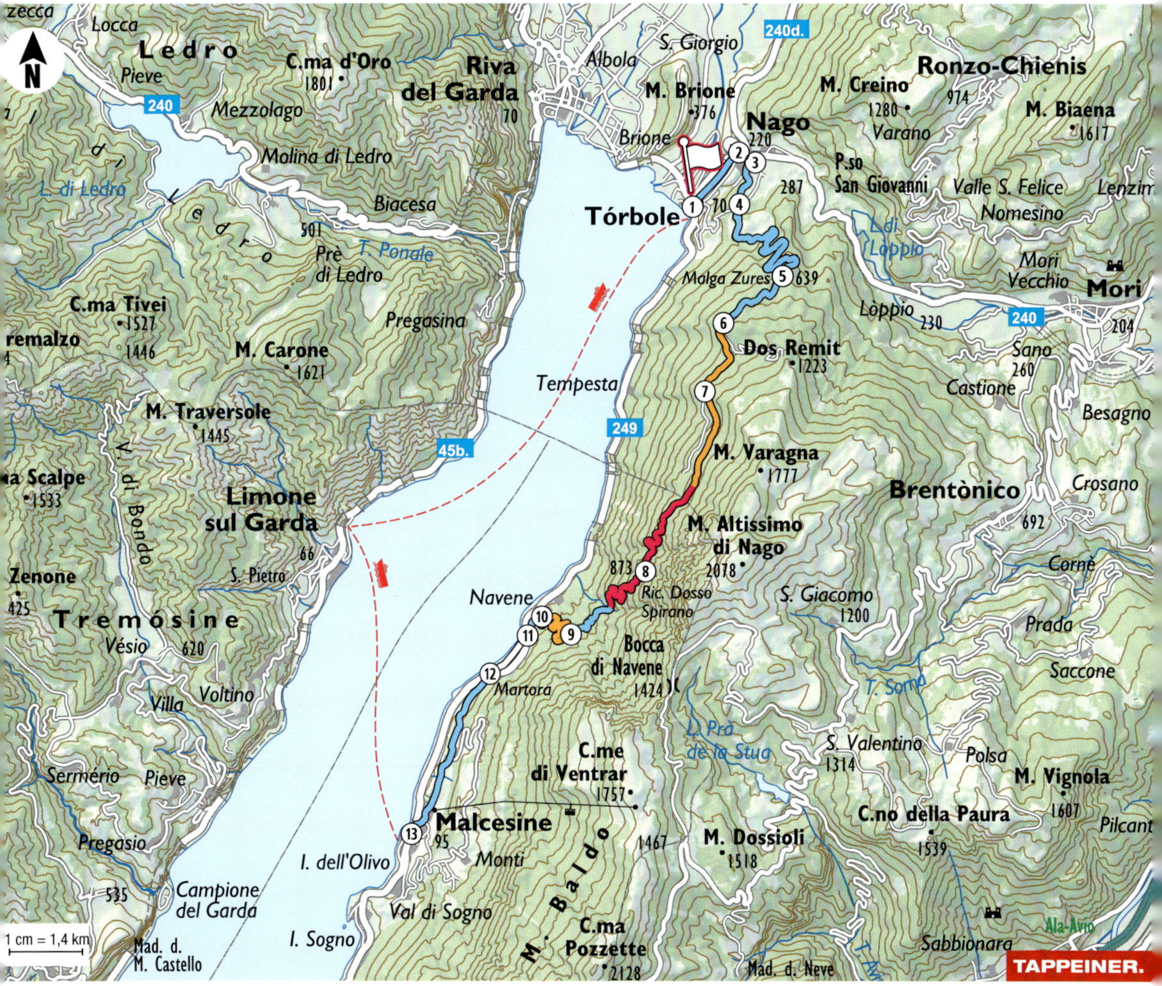

19 MONTE BRIONE

Start und Ziel:
Torbole, 70 m

Höchster Punkt:
Bunkeranlage Batteria di Mezzo,
320 m

Strecke: 15 km

Höhenmeter bergauf: 300 m

Höhenmeter bergab: 300 m

Zeit: 2 Std.

Schwierigkeit: ●●●●●

Kondition: ●●●●●

Uphill: ●●●●●

Downhill: ●●●●●

Tourenmonate: ganzjährig

Kartenmaterial: Tabacco, Blatt
055, Valle del Sarca – Arco – Riva
del Garda

Anfahrt:
Brennerautobahn A22, Ausfahrt
Trento Nord, Sarcatal, Torbole

Brennerautobahn A22, Ausfahrt
Rovereto Sud, Mori, Torbole

Monte Brione

Diese familienfreundliche Rad-Wanderung, um und auf dem Monte Brione besticht vor allem durch die einmalige Rundumsicht. Am Ziel dieser Tour befindet sich die im Jahr 2014 restaurierte Festungsanlage vom Ersten Weltkrieg, die „Batteria di Mezzo". Unweit davon erreicht man – nur zu Fuß – in wenigen Minuten die luftige Aussichtskanzel. Dieser 376 m hohe, sichelförmige Berg trennt nicht nur Riva del Garda von Torbole, sondern teilt auch die „Ora". Dieser Südwind wird durch diese Felsformation nochmals beschleunigt. Segler, Surfer und Kiter aus ganz Europa, wissen das seit langem und nutzen dieses natürliche Phänomen aus.

Die Umrundung ist einfach, meist auf Nebenstraßen oder Radwegen. Ein kurzes Stück verläuft der Radweg bündig am Wasserspiegel des Sees entlang. Das einmalige Fotomotiv verursacht in diesem Abschnitt nicht selten Staus. Einzig die Serpentinenstraße zum Monte Brione ist etwas mühselig, sie schlängelt sich durch die Olivenanlagen stetig bergauf. An heißen Sommertagen sollte man diese Tour eher meiden.

Tourenbeschreibung

Von der Bar Mecki in ❶ Torbole (70 m) 2,8 km in nördliche Richtung den Radweg entlang. Bei der Raststation Bicigrill auf der ❷ SS 249 abfahren, die Straße überqueren und auf der Via Sabbioni einfahren. Bei der ersten Kreuzung links halten, am verlassenen Haus vorbei und in südlicher Richtung an der schönen Steinmauer parallel der Straße entlang. Linkshaltend über die Via Monte Brione bis La Grotta und zur Ortschaft ❸ S. Alessandro (80 m). Zwischen Kirche und Schule bis zur nächsten Kreuzung, links auf dem Radweg bis zur Abzweigung zum Monte Brione (ca. 100 m vor dem Hafen in Riva). Die Serpentinenstraße zum Monte Brione bis zur Kreuzung mit dem Forstweg. Rechts dem Forstweg folgend erreicht man die Bunkeranlage ❹ Batteria di Mezzo (320 m), schöner Aussichtpunkt! Auf der gleichen Strecke bis zum Hafen ❺ Porto S. Nicolò (66 m) abfahren. Vom Hafen auf dem Radweg Richtung Torbole bis zum ❻ Surf-Center Segnana und zur Bar Mecki zurück.

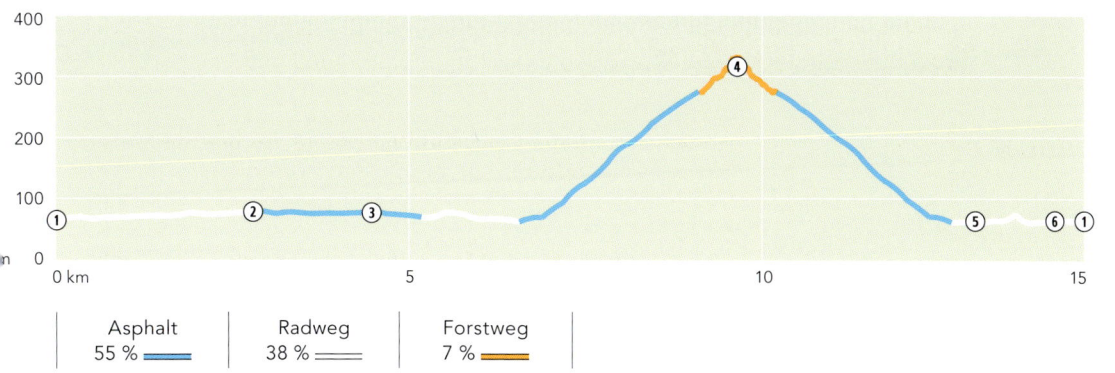

Asphalt	Radweg	Forstweg
55 %	38 %	7 %

20 MONTE-ALTISSIMO-UMRUNDUNG

Start und Ziel:
Monte Baldo Bergstation,
1780 m / Torbole, 70 m

Höchster Punkt:
Bergstation Tratto Spino, 1780 m

Strecke: 39 km

Höhenmeter bergauf: 530 m

Höhenmeter bergab: 2170 m

Zeit: 3–4 Std.

Schwierigkeit: ●●●●○

Kondition: ●●●○○

Uphill: ●●○○○

Downhill: ●●●○○

Tourenmonate: Juni–September

Kartenmaterial: Kompass, Blatt
690, Alto Garda e Ledro; Kompass, Blatt 691, Monte Baldo
Nord

Anfahrt:
Brennerautobahn A22, Ausfahrt
Rovereto Sud, Torbole, Malcesine

Brennerautobahn A22, Ausfahrt
Affi, Costermano, Malcesine

Malcesine

Der erste Teil dieser abfahrtsorientierten Panoramatour befindet sich noch in der Provinz Verona. Fast genau am Übergang Bocca di Navene passiert man die Provinzgrenze ins Trentino. Mit der Seilbahn Monte Baldo erreicht man von Malcesine bequem die Bergstation Tratto Spino. Vom Zwischenziel in Torbole gibt es zwei Möglichkeiten nach Malcesine zurückzukehren: mit der Fähre: Torbole–Limone–Malcesine (sehr empfehlenswert, vorher Fahrpläne konsultieren) oder über die östliche Gardesana (viel Verkehr und einige unbeleuchtete Tunnels).

Für diese lange Umrundung sind Kondition, gute Bremsen und Zeit gefragt. Wer die Schiebepassage und die steilen Abfahrten meiden möchte, kann direkt von Brentonico nach Castione und über den Radweg nach Torbole abfahren. Mit der Seilbahn Monte Baldo wird nur vormittags von 8–10 Uhr und nachmittags von 14–16 Uhr Biketransport durchgeführt, nicht verpassen!

Tourenbeschreibung

Von Malcesine mit der Monte Baldo-Seilbahn bis zur ❶ Bergstation Tratto Spino. Auf dem breiten Forstweg bis zur ❷ Einmündung in die Provinzstraße „Monte Baldo". Richtung Rif. Graziani, erreicht man erst den ❸ Rifugio Bocca di Navene (1424 m) und nach ca. 200 Hm bergauf den ❹ Berggasthof Rifugio Graziani (1650 m). Der Straße folgend, passiert man 2 dunkle Tunnel und gelangt zur Ortschaft ❺ San Valentino (1314 m). Auf der Straße bergab erreicht man ❻ S. Giacomo (1200 m). Bei der kleinen Kapelle links einfahren (Wegweiser Nr. 622) und auf dem Forstweg in nördlicher Richtung bis zur ersten Gabelung. Geradeaus weiter über die steile Betonrampe abfahren. Der Beschilderung „Side Trail Altissimo" bis Festa in die entgegengesetzte Richtung folgen (kurze Schiebepassage bergab). Von ❼ Festa (880 m) links der MTB-Route Gardabike folgen. Bergauf, dem schattigen Forstweg (zwei kurze steile Rampen) bis zur ersten Abzweigung folgen. Rechts auf dem Waldweg (Wegweiser „Le Torbiere") beginnt die lange, steile Talfahrt. Abwechselnd auf Waldwegen, Forststraßen und betonierten Rampen gelangt man zum Dörfchen ❽ Sano (260 m). Bei der Bushaltestelle im Dorf, links etwa 1 km der Beschilderung MTB-Gardasee folgen. Nach einer Kehrtwendung gelangt man schließlich zum ❾ Radweg nach Torbole. Auf dem Radweg Richtung Gardasee, vorbei an ❿ Loppio und ⓫ Lago di Loppio. Über einigen Serpentinen erreicht man den ⓬ Passo San Giovanni (287 m). Bis ⓭ Nago (220 m) abfahren, bei der Ampel die Straße überqueren, durch die Ortsmitte durch bis zum „Fortino". Die steile Nebenstraße bis nach ⓮ Torbole (70 m) abfahren. Mit der Fähre über Limone nach Malcesine zurückfahren.

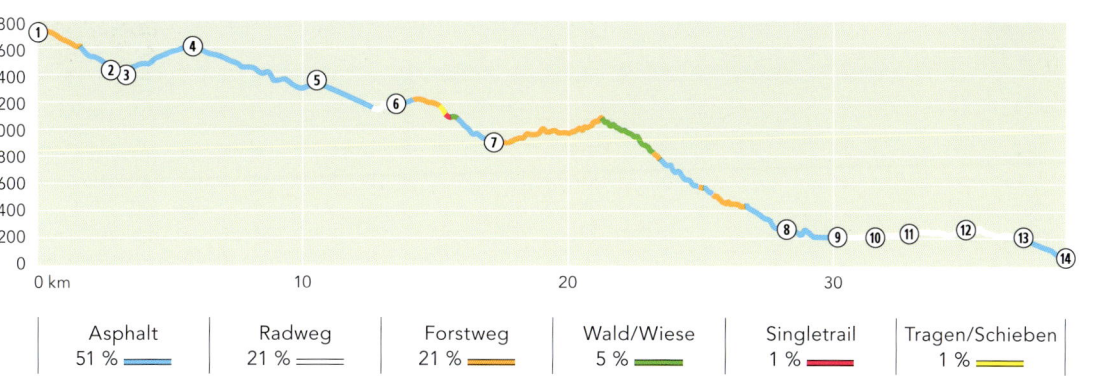

Asphalt	Radweg	Forstweg	Wald/Wiese	Singletrail	Tragen/Schieben
51 %	21 %	21 %	5 %	1 %	1 %

21 MALCESINE-PANORAMATOUR „ORANGE"

Start und Ziel:
Malcesine, 95 m, Talstation
Seilbahn Monte Baldo

Höchster Punkt:
Kirche S. Michele, 575 m

Strecke: 12 km

Höhenmeter bergauf: 600 m

Höhenmeter bergab: 600 m

Zeit: 2–3 Std.

Schwierigkeit: ●●●○○

Kondition: ●●●○○

Uphill: ●●●○○

Downhill: ●●●○○

Tourenmonate: ganzjährig

Kartenmaterial: Kompass, Blatt
694, Parco Alto Garda Bresciano

Anfahrt:
Brennerautobahn A22, Ausfahrt
Rovereto Sud, Torbole, Malcesine

Brennerautobahn A22, Ausfahrt
Affi, Costermano, Malcesine

Ausblick Richtung Süden

Malcesine ist eines der wohl beliebtesten Urlaubsziele. Die Altstadt mit den vielen engen Gassen, dem schmucken Hafen und dem Castello Scaligero prägen diese liebliche Ortschaft am Ufer des Gardasees. Beachtlich ist auch der Höhenunterschied des Gemeindegebietes: er reicht vom Seeufer auf 89 m bis 2218 m zum Gipfel des Monte Baldo.

Die Eckdaten dieser kurzen Tour am Fuße des Monte-Baldo-Massivs täuschen. Bis zum Passo Campiano kann man noch die schöne Panoramastraße genießen, eine letzte steile Rampe endet dann bei der Mittelstation der Seilbahn. Der Singletrail, der nach der S.-Michele-Kirche talwärts sticht, wird die guten Fahrtechniker freuen. Von der kleinen Ortschaft Paier führt ein mit Steinen akribisch ausgelegter steiler Karrenweg nach Malcesine (Achtung, nach Regenfällen sehr rutschig!) Die Beschilderung ist schon etwas in die Jahre gekommen, teilweise fehlen Schilder, teilweise wurden sie manipuliert.

Tourenbeschreibung

Von der Talstation der Monte-Baldo-Seilbahn in ❶ Malcesine auf der Via Navene Vecchia in nördlicher Richtung. Nach 1,3 km rechts auf der Via Panoramica abfahren. Über dieser schönen Panoramastraße in mäßiger Steigung bis zum ❷ Passo Campiano (375 m). Bei der Verkehrsinsel links bleiben. Der steilen Straße bis zur Mittelstation der ❸ Monte-Baldo-Seilbahn (560 m) folgen. Noch etwa 50 Meter bergwärts bis zur Abzweigung und dann rechts in den Waldweg abbiegen (S. Michele). Oberhalb der ❹ S.-Michele-Kirche (575 m), den Pfad (auch Trimmdichpfad) abfahren. An einigen Häuser vorbei bis zu einer Abzweigung, linkshaltend der Beschilderung MTB/orange folgen. Nach einer kurzen Schiebepassage (rot-weißer Markierung folgen) einen letzten Trail und kurz über die Forststraße bis zur ❺ Einmündung in die asphaltierte Bergstraße. Links, der Straße 50 Meter bergauf folgen (Richtung S. Maggiore), dann rechts in den Plattenweg abfahren (Schild Malcesine). Vorsicht! In diesem Teil wurden Schilder mutwillig umgedreht. Am Ende des Plattenweges rechts bleiben und bis zur ❻ Strada Panoramica abfahren. Wieder rechts, bergauf und kurz darauf links in die Via Rocchetta abbiegen (Richtung Madonna dell'Accoglienza). Nach einem kurzen, steilen Stich gelangt man zur Eisentreppe, die zum Aussichtspunkt ❼ Madonna dell'Accoglienza führt. Bei der Treppe rechts dem Wegweiser Paier/Malcesine folgen. Ein schmaler Pfad endet in der kleinen Fraktion ❽ Paier (297 m). Den kunstvollen Torbogen passieren (Wegweiser MTB-Route/Malcesine) und auf den Plattenweg bis zur ❾ Via S. Antonio abfahren. Der Straße kurz talwärts bis zum Startpunkt in Malcesine folgen.

Ausgeschilderte MTB-Tour: Holzschild mit oranger Spitze

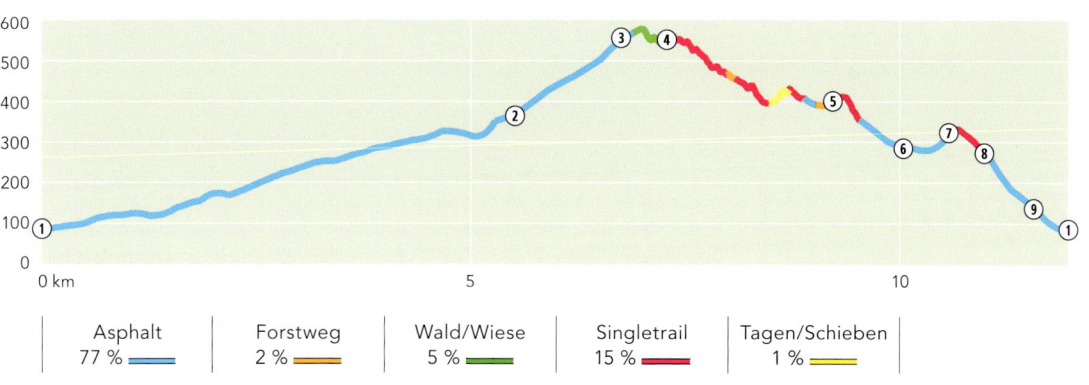

Asphalt	Forstweg	Wald/Wiese	Singletrail	Tagen/Schieben
77 %	2 %	5 %	15 %	1 %

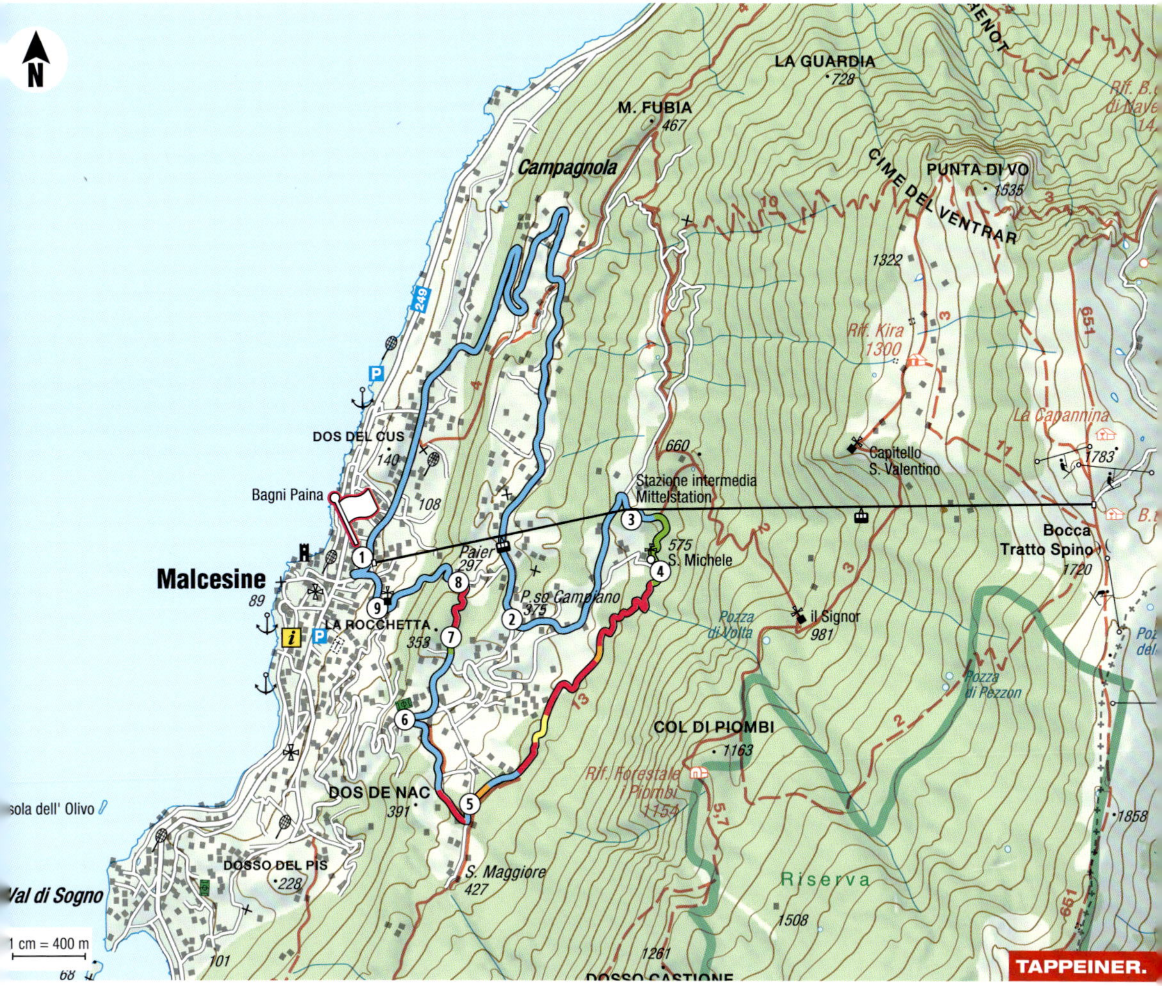

22 MALCESINE-PANORAMATOUR „GELB"

Start und Ziel:
Malcesine, 85 m

Höchster Punkt:
Faigolo, 592 m

Strecke: 18 km

Höhenmeter bergauf: 600 m

Höhenmeter bergab: 600 m

Zeit: 2–3 Std.

Schwierigkeit: ●●●○○

Kondition: ●●○○○

Uphill: ●●○○○

Downhill: ●●●○○

Tourenmonate: ganzjährig

Kartenmaterial: Kompass, Blatt 694, Parco Alto Garda Bresciano

Anfahrt:
Brennerautobahn A22, Ausfahrt Rovereto Sud, Torbole, Malcesine

Brennerautobahn A22, Ausfahrt Affi, Costermano, Malcesine

Die Stadt Malcesine befindet sich am Ostufer des Gardasees, am Fuße des mächtigen Monte-Baldo-Massivs. Die „Perle des Gardasees", so wird die bezaubernde Ortschaft auch genannt, wird in den Sommermonaten förmlich von Touristen überrollt. Die engen Gassen der Altstadt mit den vielen Geschäften und Einkehrmöglichkeiten sind meist überfüllt. Etwas Ruhe findet man im Hinterland: die kleine Hochebene hinter Malcesine ist bei Wanderern sehr beliebt, eignet sich aber auch zum Biken. Außerdem genießt man von dort oben eine einmalige Aussicht auf den See und an schönen Tagen kann man dessen Größe erahnen …

Auch diese kurze Rundtour ist nicht zu unterschätzen. Der Anstieg bis zum höchsten Punkt, Faigolo ist wie so oft am Gardasee, unbarmherzig steil. Einziger Trost, die Straße ist asphaltiert und die Aussicht genial! Ab Faigolo sollte der Sattel tiefer gestellt werden. Ein schwieriger Singetrail mit losem Geröll windet sich unaufhaltsam talwärts. Nach einigen, kaum fahrbaren Serpentinen gelangt man zum Dosso del Merlo. Es folgt ein schmaler Pfad, technisch fahrbar, aber extrem ausgesetzt (Achtung Absturzgefahr!). Ein steiniger Forstweg führt schlussendlich bis zum Ufer des Sees.

Tourenbeschreibung

Vom Busbahnhof in ❶ Malcesine (85 m) auf der „Gardesana" in südlicher Richtung fahren. Nach 200 m, links dem Wegweiser „Passo Campiano" folgen. Auf der steilen Straße erreicht man ❷ Passo Campiano (375 m). Bei der kleinen Verkehrsinsel rechts abbiegen (sehr steil), am Ende eines betonierten Abschnittes, links dem Wegweiser Faigolo/Navene folgen. Auf einem flachen Forstweg erreicht man die Häusergruppe ❸ Faigolo (592 m). Am ersten Abzweig nach Faigolo, links Richtung Malcesine abfahren. Den kaum fahrbaren Pfad bis zu einem kleinen Teich folgen. Rechts über einige Stufen absteigen (Malcesine/Navene Nr. 4) und auf dem Singletrail talwärts fahren. Nach einigen kniffligen Serpentinen gelangt man zu einem schönen Aussichtspunkt (Dosso del Merlo) mit einer Informationstafel. Geradeaus weiterfahren (Weg Nr. 4), nach einem schmalen, ausgesetzten Pfad (Achtung!) mündet man in einen Forstweg. Nach einem kurzen Gegenanstieg beginnt die lange Abfahrt Richtung See (Beschilderung Navene folgen). Auf der ❹ asphaltierten Straße links halten und bis zur ❺ Einmündung in die „Gardesana" abfahren. Auf dem Radweg in südlicher Richtung erreicht man die Abzweigung Martora, links auf der ❻ Strada dell'Olio nach Malcesine zurück.

Ausgeschilderte MTB-Tour: Holzschild mit gelber Spitze

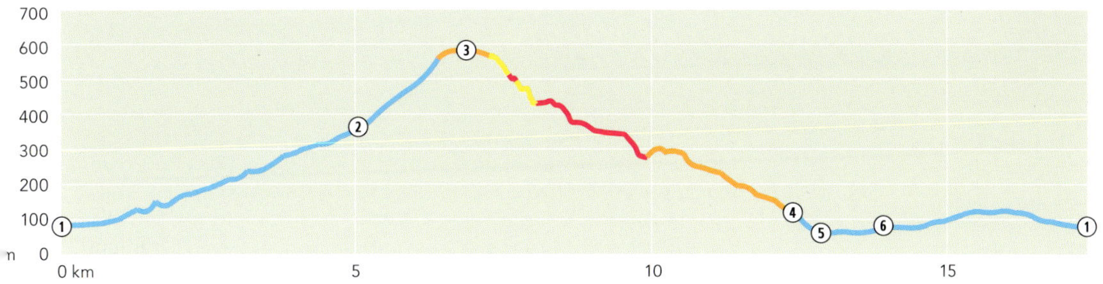

Asphalt	Forstweg	Singletrail	Tragen/Schieben
65 %	20 %	12 %	3 %

23 MALCESINE-FREERIDETOUR „VIOLETT"

Start und Ziel:
Malcesine, 85 m

Höchster Punkt:
Bergstation Tratto Spino, 1780 m

Strecke: 51 km

Höhenmeter bergauf: 750 m

Höhenmeter bergab: 2350 m

Zeit: 5–6 Std.

Schwierigkeit: ●●●●●

Kondition: ●●●●●

Uphill: ●●●○○

Downhill: ●●●●●

Tourenmonate: Juni–September

Kartenmaterial: Kompass, Blatt 691, Monte Baldo Nord; Kompass Blatt 692, Monte Baldo Sud

Anfahrt:
Brennerautobahn A22, Ausfahrt Rovereto Sud, Torbole, Malcesine

Brennerautobahn A22, Ausfahrt Affi, Costermano, Malcesine

Bereits 1955 erkannte man das Potenzial einer Seilbahn auf dem Monte Baldo: hoch auf eine Aussichtskanzel auf 1800 m mit freier Rundumsicht! Bei der Bergfahrt im oberen Abschnitt dreht sich die Gondel um die eigene Achse, dies ist wohl der Schlüssel zum Erfolg dieser Seilbahn. Das ständig wechselnde Panorama auf dem darunterliegenden See vergisst wohl keiner mehr. Dies ist jedoch nur der Anfang, bei der Malga Colonei wechselt man auf die Westseite des Baldo. Der Abfahrt entlang stößt man auf weitere Sehenswürdigkeiten, wie z. B. Le Cà, eine kleine Häusergruppe mit der schmucken Kapelle hoch über den See oder Campo, die idyllische Ortschaft mit ihren 11 Einwohnern und zwei Cafès ...

Langes, schwieriges Abenteuer rund um den Monte Baldo. Morgens sollte man schon zeitig bei der Talstation sein, Bergfahrten für die Biker sind zeitlich nur bis 10 Uhr möglich (auf Fahrplan achten!). Von der Bergstation beginnt gleich eine 36 km lange Talabfahrt. Über asphaltierten Neben- und Forststraßen mit einigen Gegenanstiegen erreicht man unweit von Prada den Gasthof „La Palazzina". Von der S.-Bartolomeo-Kirche beginnt die nächste Abfahrt bis Marniga. Für diese Strecke sind Kondition, eine sichere Fahrtechnik und ein gutes Gleichgewicht gefragt. Bei Regen sollte man diese Abfahrt meiden und auf die Straße ausweichen. Die moosigen Steinplatten der alten Saumpfade werden extrem „schmierig" und das Fahren ist dann fast unmöglich. Auch die

Monte Altissimo di Nago

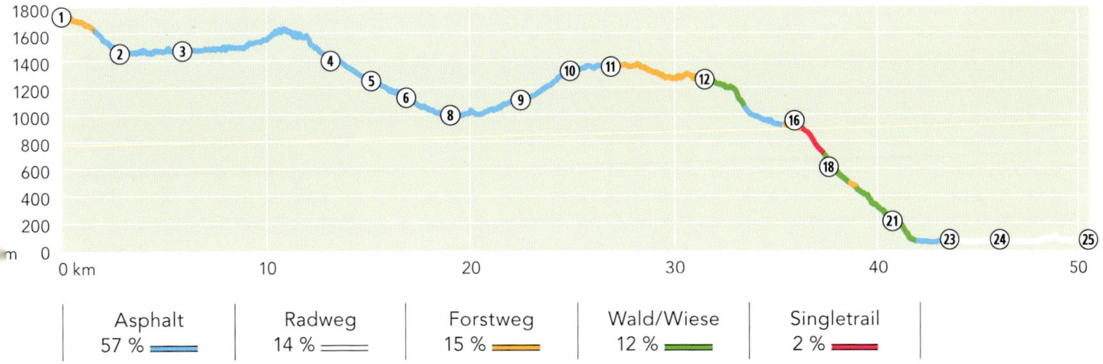

Elevation profile

Asphalt	Radweg	Forstweg	Wald/Wiese	Singletrail
57 %	14 %	15 %	12 %	2 %

Orientierung ist bei dieser Tour eine Herausforderung, der GPS-Track kann hier gute Dienste leisten. Für die Verpflegung auf der ganzen Strecke sorgen verteilt mehrere Almen und Berggasthöfe.

Tourenbeschreibung

Von Malcesine mit der Seilbahn Monte Baldo bis zur ❶ Bergstation Tratto Spino (1780 m). Auf dem breiten Forstweg bis zur ❷ Einmündung in die Provinzstraße Monte Baldo. Rechts auf der asphaltierten Bergstraße bis zur ❸ Malga Pra Alpesina (1467 m). Dem Wegweiser „Lago di Garda" folgend, erreicht man die ❹ Malga Novezza (1425 m). Immer auf der Straße bergab, vorbei am ❺ Rifugio Novezzina (1235 m), bis zur Kreuzung beim ❻ Ristorante al Cacciatore. Geradeaus in die Nebenstraße einfahren, vorbei am Agritur ❼ Il Castello, immer talwärts bis zum ❽ Militärfriedhof Sacrario del Baldo. In leichter Steigung gelangt man zur nächsten Kreuzung, rechts dem Wegweiser bis zur ❾ Malga Ime (1128 m) folgen. Eine asphaltierte Bergstraße windet sich in einigen steilen Serpentinen bis zur ❿ Malga Valfredda (1331 m). Auf einer schönen Panoramastraße erreicht man die ⓫ Malga Colonei di Caprino. Der Forststraße in südlicher Richtung bis zum Eisengitter folgen. Die Absperrung passieren und talwärts auf dem Forstweg bis ⓬ Due Pozze (1282 m). Vom großen Parkplatz links Richtung Prada Alta/Bassa abzweigen. Bei der Gabelung nach 250 m rechtshaltend den Waldweg zu einer ⓭ Betonbrücke abfahren. Vor der Brücke rechts halten und zur ⓮ Einmündung in die Straße (SP 9) nach Prada abfahren. Talwärts zur ⓯ Osteria Alla Palazzina und bis zur kleinen ⓰ S.-Bartolomeo-Kirche (937 m). Rechts dem Wegweiser Le Cà/Castelletto folgen. Einem anfangs noch fahrbaren Waldweg folgt ein technisch anspruchsvoller Singletrail. Bei der Einmündung in den ⓱ Forstweg links halten (Schild Castelletto di Brenzone). Über einen schönen Plattenweg (nach Regen extrem rutschig!) erreicht man den lieblichen Weiler ⓲ Le Cà (609 m). Immer steil bergab bis ⓳ Fontana Coperta (560 m). Kurz darauf gelangt man zur Kreuzung bei einem ⓴ verlassenen Haus, rechts der Beschilderung „Campo" folgen. Bei der nächsten Abzweigung, geradeaus weiter (Wegweiser MTB-Route blau/Campo) bis zum Dörfchen ㉑ Campo (234 m). Bei der ersten Abzweigung nach Campo rechts abfahren. Immer steil talwärts erreicht man über alte Pfade ㉒ Marniga (85 m). Rechts halten und bis zur Gardesana abfahren. Die letzten 9 km bis zum Startpunkt zurück verlaufen teils auf dem Radweg, teils auf der Hauptstraße. In Magugnano am besten zum Hafen hinunterfahren und dem Radweg folgen. Bis ㉓ Porto di Brenzone auf der Hauptstraße bleiben und dann wieder auf dem Radweg bis ㉔ Cassone und zum Endpunkt nach ㉕ Malcesine zurück.

24 MALCESINE SEILBAHNTOUR „LIGHT"

Start und Ziel:
Malcesine, 85 m

Höchster Punkt:
Bergstation Tratto Spino, 1780 m

Strecke: 68 km

Höhenmeter bergauf: 980 m

Höhenmeter bergab: 2370 m

Zeit: 5–6 Std.

Schwierigkeit: ●●●●●

Kondition: ●●●●●

Uphill: ●●●○○

Downhill: ●●●○○

Tourenmonate: Juni–September

Kartenmaterial: Kompass, Blatt 691, Monte Baldo Nord; Kompass, Blatt 692, Monte Baldo Sud

Anfahrt:
Brennerautobahn A22, Ausfahrt Rovereto Sud, Torbole, Malcesine

Brennerautobahn A22, Ausfahrt Affi, Costermano, Malcesine

Hafen von Malcesine

Botaniker nennen den Monte Baldo auch den Garten Europas. Der klimatische Einfluss des Sees ermöglicht die Existenz unterschiedlicher Lebensräume, ein Paradies für Wanderer und Naturliebhaber. Das Panorama und die abwechslungsreiche Streckenführung sind bei dieser Tour der Schwerpunkt.

Für dieses Vorhaben sind vor allem Sitzleder, Ausdauer und funktionstüchtige Bremsen notwendig. Minimale fahrtechnische Fertigkeiten und etwas Orientierungsvermögen sind nur im Abschnitt Malga Colonei–Due Pozze gefragt. Einige kurze, betonierte Steigungen und der holprige Forstweg fordern hier den Biker.

Tourenbeschreibung

Von Malcesine mit der Seilbahn Monte Baldo bis zur ❶ Bergstation Tratto Spino. Auf dem breiten Forstweg bis zur ❷ Einmündung in die Provinzstraße Monte Baldo. Rechts auf der asphaltierten Bergstraße bis zur ❸ Malga Pra Alpesina (1467 m). Dem Wegweiser Lago di Garda folgend, eine kurze Steigung überwindend erreicht man talwärts die ❹ Malga Novezza (1425 m). Immer auf der Straße bergab, vorbei am ❺ Rifugio Novezzina (1235 m), bis zur Kreuzung beim ❻ Ristorante al Cacciatore. Geradeaus in die Nebenstraße einfahren, vorbei am Agritur ❼ Il Castello, immer talwärts bis zum ❽ Militärfriedhof Sacrario del Baldo. In leichter Steigung gelangt man zur nächsten Kreuzung, rechts dem Wegweiser bis zur ❾ Malga Ime (1128 m) folgen. Eine asphaltierte Bergstraße windet sich in einigen steilen Serpentinen bis zur ❿ Malga Valfredda (1331 m). Auf einer schönen Panoramastraße erreicht man die ⓫ Malga Colonei di Caprino. Der Forststraße entlang in südlicher Richtung bis zum Eisengitter. Die Absperrung passieren und talwärts dem Forstweg folgen. Nach einer langen, holprigen Abfahrt erreicht man ⓬ Due Pozze (1282 m). Auf der asphaltierten Straße talwärts bis zur ⓭ Einmündung in die Straße nach Prada. Links, immer talwärts vorbei am ⓮ Gasthof Capriolo bis zur Kreuzung beim ⓯ Hotel Castagneto. Über die Provinzstraße bis ⓰ Lumini (695 m), durch das kleine Dorf hindurch und auf einer Nebenstraße bis ⓱ Sperane (725 m). Weiter steil bergab bis ⓲ San Zeno di Montagna (575 m). Beim Hotel Miralago rechts in die Hauptstraße einfahren. Der Straße 2,5 km bis zur Brücke folgen. Nach der Brücke gelangt man zu einer ⓳ 3-fach-Gabelung, der Beschilderung Lago di Garda folgen. Auf einer asphaltierten Nebenstraße steil nach unten bis zum kleinen Ort ⓴ Fasor/Biaza (150 m). Durch die enge Dorfgasse hindurch und zur ㉑ Straße abfahren. Rechts auf der Gardesana in nördlicher Richtung bis ㉒ Castelletto di Brenzone und weiter bis ㉓ Magugnano. Hier am besten zum Hafen hinunter und dem Radweg folgen. Bis Porto di Brenzone auf der Hauptstraße bleiben und dann wieder auf dem Radweg bis ㉔ Cassone und nach ㉕ Malcesine zurück.

Asphalt	Radweg	Forstweg
79 %	13 %	8 %

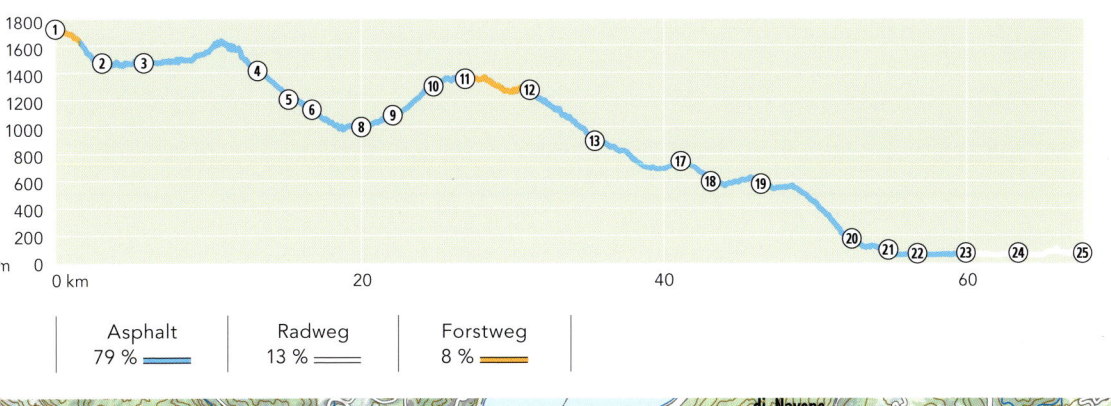

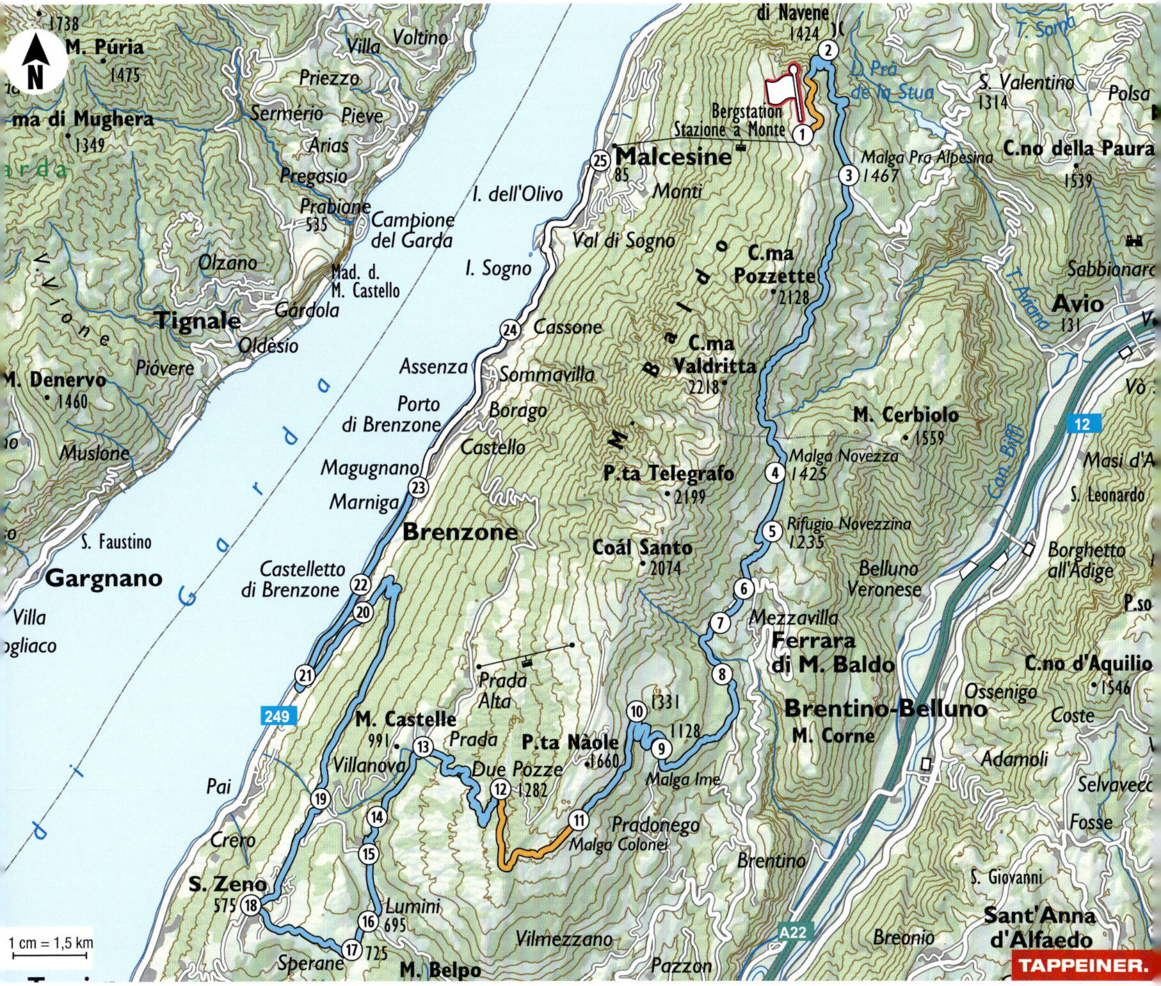

25 PRADA – RIFUGIO FIORI DEL BALDO

Start und Ziel:
Prada, Gasthof Al Cacciatore, 925 m

Höchster Punkt:
Rifugio Fiori del Baldo, 1815 m

Strecke: 21 km

Höhenmeter bergauf: 900 m

Höhenmeter bergab: 900 m

Zeit: 3–4 Std.

Schwierigkeit: ●●●●○

Kondition: ●●●●○

Uphill: ●●●○○

Downhill: ●●●○○

Tourenmonate: Juni–Oktober

Kartenmaterial: Kompass, Blatt 692, Monte Baldo Sud, 1:25.000

Anfahrt:
Brennerautobahn A22, Ausfahrt Rovereto Sud, Östliche Gardesana, Torri del Benaco, Albisano, Prada

Brennerautobahn A22, Ausfahrt Affi, Caprino Veronese, Lumini, Prada

Der Name „Terrasse des Gardasees" könnte für das Schutzhaus Fiori del Baldo nicht treffender sein. Es liegt auf 1815 m und klammert sich förmlich an den Bergrücken des Monte Baldo. An klaren Tagen schweift der Blick bis zu den Monti Lessini im Osten, dem Apennin weit im Süden und nach Salò im Westen. Von hier oben erkennt man aber vor allem die wahre Größe des Sees. Der nette Hüttenwirt und seine Frau führen seit vielen Jahren dieses ganzjährig geöffnete Refugium. Die „pasta e fagioli" steht immer auf der Speisekarte und ist unbedingt auszuprobieren.

Abwechslungsreiche, anstrengende Tagestour mit einmaligem Panorama. Auf der schmalen, asphaltierten Bergstraße kann man noch einigermaßen gemütlich die ersten 350 Höhenmeter bis zum Parkplatz Due Pozze abstrampeln. Der steinige Militärweg, der dann bis zum Tagesziel führt, hat es in sich. Er ist nicht übermäßig steil, der Untergrund ist aber steinig und grob, eine Herausforderung für Fahrtechnik-Spezialisten. Die Rückfahrt bis Due Pozze verläuft auf der Auffahrtsroute. Über einen etwas holprigen Wald- und Forstweg gelangt man zur Hauptstraße nach Prada, unweit vom Startpunkt.

Tourenbeschreibung

Der Startpunkt befindet sich 2 km vor der Ortschaft Prada beim ❶ Gasthof Al Cacciatore (925 m); dort gewähren die Besitzer beim ersten Kaffee gerne die Parkerlaubnis. Auf der Straße etwa 50 m talwärts fahren, bei der ersten ❷ Kreuzung links der Beschilderung „Fiori del Baldo" folgen. Auf der schmalen Bergstraße erreicht man nach 4,5 km den Parkplatz ❸ Due Pozze (1282 m). Auf der noch asphaltierten Straße bergauf weiterfahren (Schild „Fiori del Baldo"). Ein steiniger, steiler Militärweg führt dann direkt bis zum ❹ Schutzhaus Fiori del Baldo (1815 m, ganzjährig geöffnet) Die Abfahrt bis Due Pozze erfolgt auf der Aufstiegsstrecke. Vom Parkplatz, rechts (Wegweiser Prada Alta/Bassa) bis zum ersten Abzweig und wieder rechts auf dem holprigen, aber fahrbaren Waldweg abfahren. Fast am Ende der Abfahrt, vor der ❺ Betonbrücke rechts halten und bis zur ❻ Straße (SP 9) nach Prada abfahren. Talwärts bis zum Ausgangspunkt zurückfahren.

Abfahrtsvariante für Singletrail-Spezialisten: Vom ❹ Schutzhaus Fiori del Baldo läuft genau am Grat entlang ein kniffliger Trail bis Bocca di Naole, der dann auf die darunterliegende Auffahrtsstrecke mündet.

Monte Baldo im Schnee

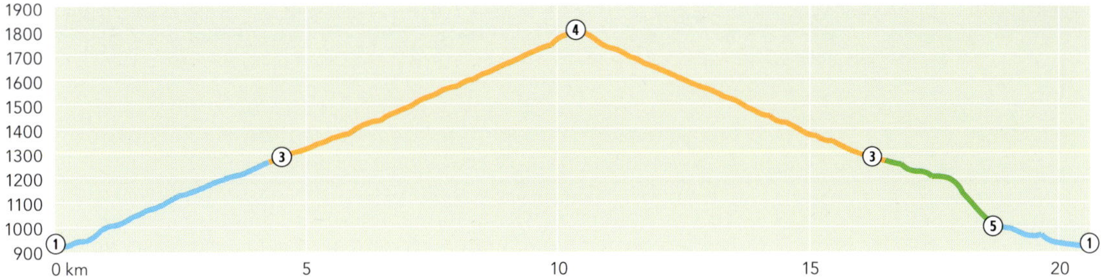

Asphalt
34 %

Forstweg
55 %

Wald/Wiese
11 %

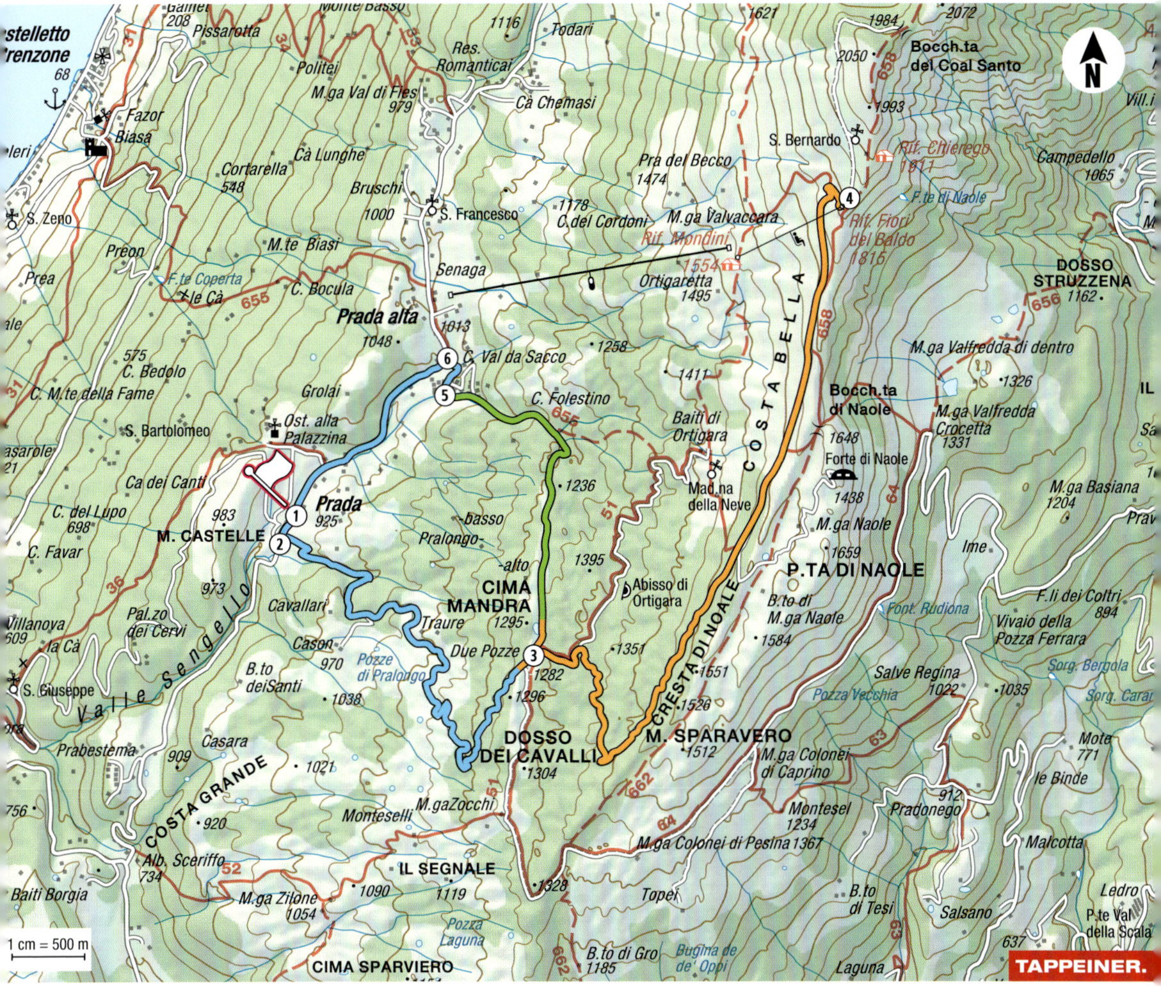

26 DER MÜHLENWEG

Start und Ziel:
Costermano, 232 m

Höchster Punkt:
Costermano, 232 m

Strecke: 7 km

Höhenmeter bergauf: 170 m

Höhenmeter bergab: 170 m

Zeit: 2 Std.

Schwierigkeit: ●●○○○

Kondition: ●●○○○

Uphill: ●○○○○

Downhill: ●●○○○

Tourenmonate: ganzjährig

Kartenmaterial: Kompass, Blatt 692, Monte Baldo Sud, 1:25.000

Anfahrt:
Brennerautobahn A22, Ausfahrt Rovereto Sud, Östliche Gardesana, Torri del Benaco, Garda, Costermano

Brennerautobahn A22, Ausfahrt Affi, Costermano

Gut ausgeschilderte Halbtagestour im Hinterland von Garda. Dieser familienfreundliche Rundkurs abseits vom Verkehr wird gegen den Uhrzeigersinn gefahren. Etwas Konzentration ist nur bei der Abfahrt auf der holprigen Straße durch das Mühlental gefragt. In den Sommermonaten ist die schattige Schlucht auch bei Wanderern ein beliebtes Ausflugsziel und deshalb ist vorsichtiges Fahren angebracht!

In Vergangenheit trieb hier der Tesina-Bach mehrere Mühlen an, nur eine aus dem 17. Jahrhundert ist erhalten geblieben.

Tourenbeschreibung

Man startet in ❶ Costermano (232 m) unweit des Hotels Pinamonte (öffentlicher Parkplatz, der Straße entlang). Von der Kirche im Dorfzentrum zum Friedhof abfahren und links der Beschilderung „Valle dei Molini" folgen. Auf ruhigen Nebenstraßen erreicht man das Tal der Mühlen mit der ❷ Trattoria La Val (Einkehrmöglichkeit). Am Ende des Tales die ❸ Provinzstraße überqueren und nach ca. 700 m den Bach passieren. Bis zur nächsten Kreuzung fahren (tiefster Punkt dieser Tour). Immer der Beschilderung folgend, gemütlich bergauf bis zur ❹ Einmündung in die SP 8 und zum Startpunkt in Costermano zurück.

Ausgeschilderte MTB-Tour Valle dei Molini

Garda

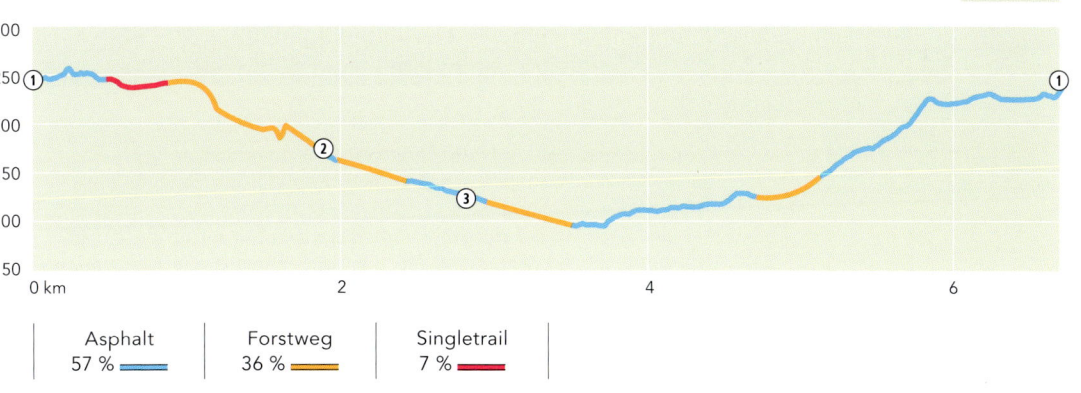

Asphalt	Forstweg	Singletrail
57 %	36 %	7 %

27 COLLINE E LAGO

Start und Ziel:
Costermano, 232 m

Höchster Punkt:
SP32A, 420 m

Strecke: 14 km

Höhenmeter bergauf: 340 m

Höhenmeter bergab: 340 m

Zeit: 2–3 Std.

Schwierigkeit: ●●●●●

Kondition: ●●●●●

Uphill: ●●●●●

Downhill: ●●●●●

Tourenmonate: ganzjährig

Kartenmaterial: Kompass, Blatt 692, Monte Baldo Sud

Anfahrt:
Brennerautobahn A22, Ausfahrt Rovereto Sud, Östliche Gardesana, Torri del Benaco, Garda, Costermano

Brennerautobahn A22, Ausfahrt Affi, Costermano

Von Costermano etwas abseits vom Gardasee, schlängelt sich diese abwechslungsreiche Biketour durch kleine Ortschaften, malerische Olivenhaine und schattige Laubwälder. Um diese unauffällige Hügellandschaft am Fuße des Monte Baldo zu „erkunden", ist das Mountainbike ein ideales Fortbewegungsmittel. Nicht zu schnell, um viele Eindrücke sammeln zu können, aber doch schnell genug, um weite Gebiete kennenzulernen.

Kurze, aber zähe Ganzjahrestour. Auf Nebenstraßen, Forstwegen und kurzen, technisch anspruchsvollen Abfahrten kann man schon manchmal die Orientierung verlieren, ständig wechselt der Streckenverlauf die Richtung. Die Beschilderung ist bis auf einige Kreuzungen verständlich, der GPS-Track kann notfalls gute Dienste leisten. In den kleinen Ortschaften ergeben sich mehrere Einkehrmöglichkeiten.

Tourenbeschreibung

Von der Kirche im Dorfplatz von ❶ Costermano (232 m) zum Friedhof abfahren und links der MTB-Beschilderung folgen. Auf der geschotterten Nebenstraße gelangt man zur Einmündung in die Valle dei Mulini. Die Brücke passieren und den steilen Plattenweg bis zur ❷ Straße hochfahren. Links 200 m der asphaltierten Straße und dann dem Forstweg bis zum Ende des Golfplatzes folgen. Am Rande der Anlage entlangfahren und vor dem Dörfchen ❸ Virle die Straße überqueren. Weiter bis zum ❹ Reitstall Rovero. Steil bergauf, teils über Forstwegen, teils auf einem anspruchsvollen Singletrail durch den Wald, gelangt man zur Hauptstraße ❺ SP 32A. Der Straße 500 m bergauf folgen und wieder rechts in den Forstweg einfahren (Schild kaum zu sehen). Ein kurzer, fahrbarer Pfad mündet in die Provinzstraße ❻ SP 9. Links der Straße bis zur ersten Abzweigung bergwärts folgen. In die ❼ Via Casal einfahren, talwärts die Häusergruppe passieren und weiter bis zur Kreuzung am Dorfende von ❽ Pizzon. Beim Wegealtar links halten, nach einem kurzen Gegenanstieg den anspruchsvollen Singletrail bis zur ❾ Straße abfahren. Der Straße entlang bis zur Dorfmitte von ❿ Castion Veronese (316 m). Auf der Hauptstraße talwärts bis ⓫ S. Verolo (277 m) fahren, links in die Nebenstraße abbiegen. In der markanten Linkskehre rechts auf dem geschotterten Weg einfahren. Immer der Beschilderung folgend bis zum Reitstall. Bei der Abzweigung rechts in die ⓬ Via Liberi Comuni wechseln. Auf dem Radweg bis zur ⓭ Hauptstraße, diese überqueren und unweit nach Costermano zurück.

Ausgeschilderte MTB-Tour *Colline e Lago*

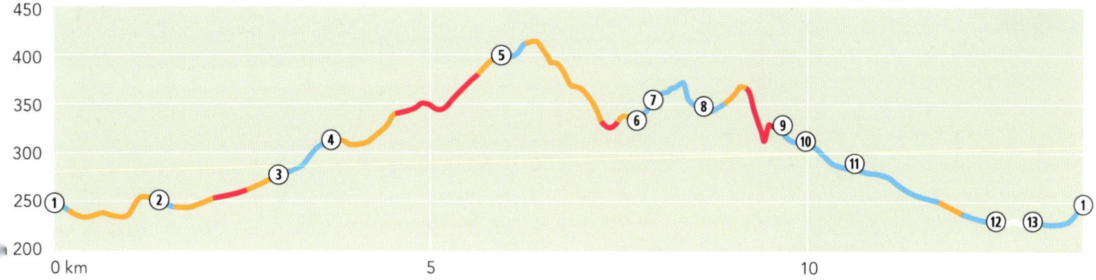

450
400
350
300
250
200

0 km   5   10

Asphalt	Radweg	Forstweg	Singletrail
39 %	7 %	37 %	17 %

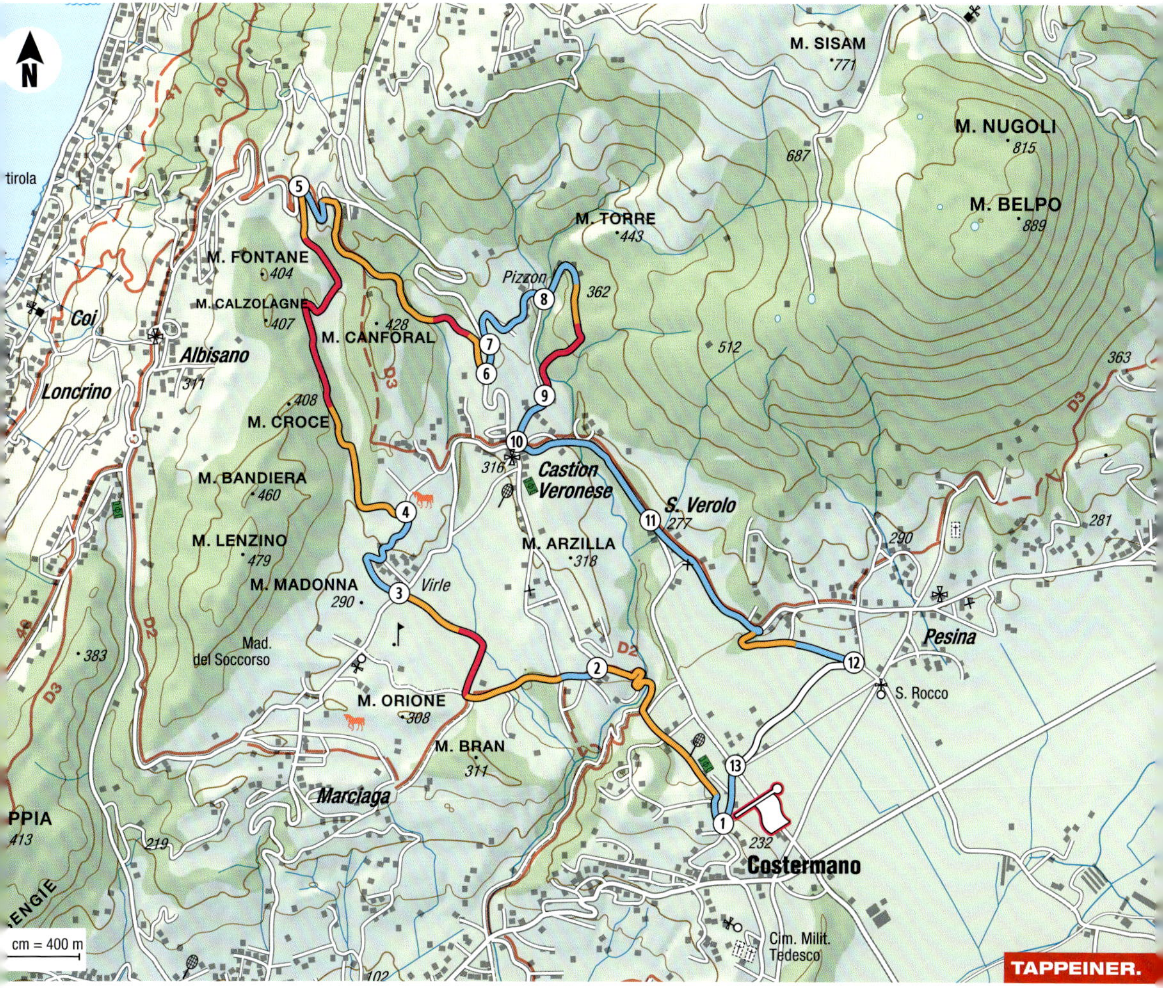

N

M. SISAM
·771

M. NUGOLI
·815

M. BELPO
·889

tirola

687

512

M. TORRE
·443

Pizzon

362

363

Coi

M. FONTANE
·404

M. CALZOLAGNE
·407

M. CANFORAL

·428

D3

Albisano

Loncrino   311

M. CROCE   ·408

M. BANDIERA
·460

M. LENZINO
·479

M. MADONNA
290 ·

Virle

Castion
Veronese

S. Verolo
277

Pesina

S. Rocco

M. ARZILLA
·318

316

290

281

Mad.
del Soccorso

M. ORIONE
·308

M. BRAN
·311

Marclaga

PPIA
413

·383

219

D2

D3

D2

M. Milit.
Tedesco

102

cm = 400 m

Costermano
232

TAPPEINER.

28 GARDA – PRADA (BUS & BIKE)

Start und Ziel:
Garda, 70 m

Höchster Punkt:
Gasthof Al Cacciatore, 925 m
(Prada)

Strecke: 21 km

Höhenmeter bergauf: 260 m

Höhenmeter bergab: 1090 m

Zeit: 2–3 Std.

Schwierigkeit: ●●●●●

Kondition: ●●●●○

Uphill: ●●○○○

Downhill: ●●●●●

Tourenmonate: Juni–September

Kartenmaterial: Kompass, Blatt
692, Monte Baldo Sud, 1:25.000

Anfahrt:
Brennerautobahn A22, Ausfahrt
Rovereto Sud, Östliche Garde-
sana, Torri del Benaco, Garda

Brennerautobahn A22, Ausfahrt
Affi, Costermano, Garda

Bereits seit Jahren wird von Ende Juni bis Anfang September
der Fahrradtransport Bus & Bike angeboten. Verschiedene
Ortschaften im Hinterland des Gardasees und zum südlichen
Monte Baldo werden fast täglich angefahren. Dieses Angebot
ermöglicht auch wenig trainierten Freizeitsportlern die höher
gelegenen Ortschaften mühelos zu erreichen.

Der erste Blick auf die Eckdaten dieser Tour kann täuschen: gemütliche Bergfahrt mit dem Bus, 21 Kilometer, 1090 Höhenmeter
bergab, nicht so schlimm … Von der S.-Bartolomeo-Kirche führt
gleich zu Beginn ein steiler, gestufter Singletrail Richtung Tal.
Federgabel und Dämpfer mit genügend Federweg und groß-
formatige Bremsscheiben helfen hier nur zum Teil. Eine ausge-
prägte Fahrtechnik und genügend Kraft erhöhen den Fahrspaß
bei diesem Abenteuer merklich. Die steilsten Abschnitte dieser
Bergstraßen sind wie so oft in dieser Region „betoniert" und
Steigungen und Gefälle von 20 % und mehr sind hier Standard.
Auf dem verwinkelten Streckenverlauf sucht man eine Beschilderung vergebens, am besten dem GPS-Track folgen.

Tourenbeschreibung

Von Garda (Busbahnhof) mit dem Bus bis nach Prada, Haltestelle
Ristorante Al Cacciatore (der Transport von Fahrrädern wird nur
in den Sommermonaten durchgeführt, Fahrplan konsultieren!).
Vom ❶ Gasthof Al Cacciatore (925 m) Richtung Prada bis zur
❷ Osteria La Palazzina. Links zum Gasthof abfahren, der Straße
bis zur Kirche ❸ S. Bartolomeo (937 m) folgen. Steil, talwärts der
Beschilderung, „ponte del diavolo" folgen. Der Begrenzungs-
mauer entlang (oft rot-gelbe Markierung) bis ❹ Tenuta Cervi.

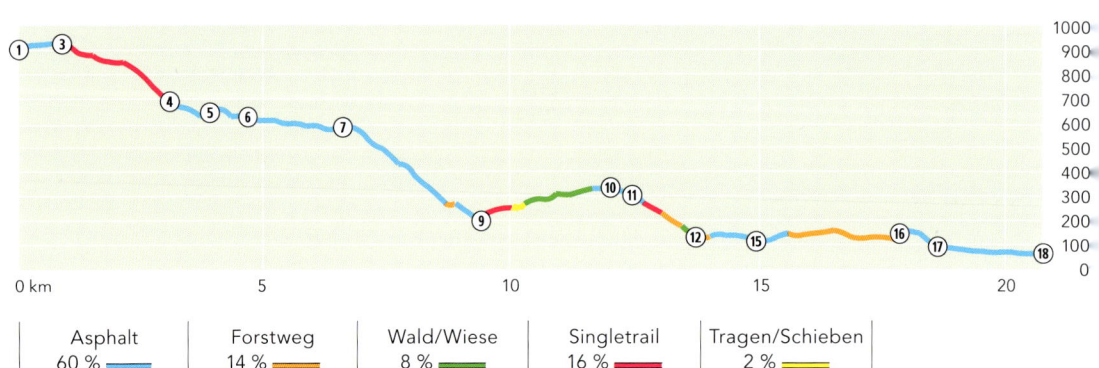

Asphalt	Forstweg	Wald/Wiese	Singletrail	Tragen/Schieben
60 %	14 %	8 %	16 %	2 %

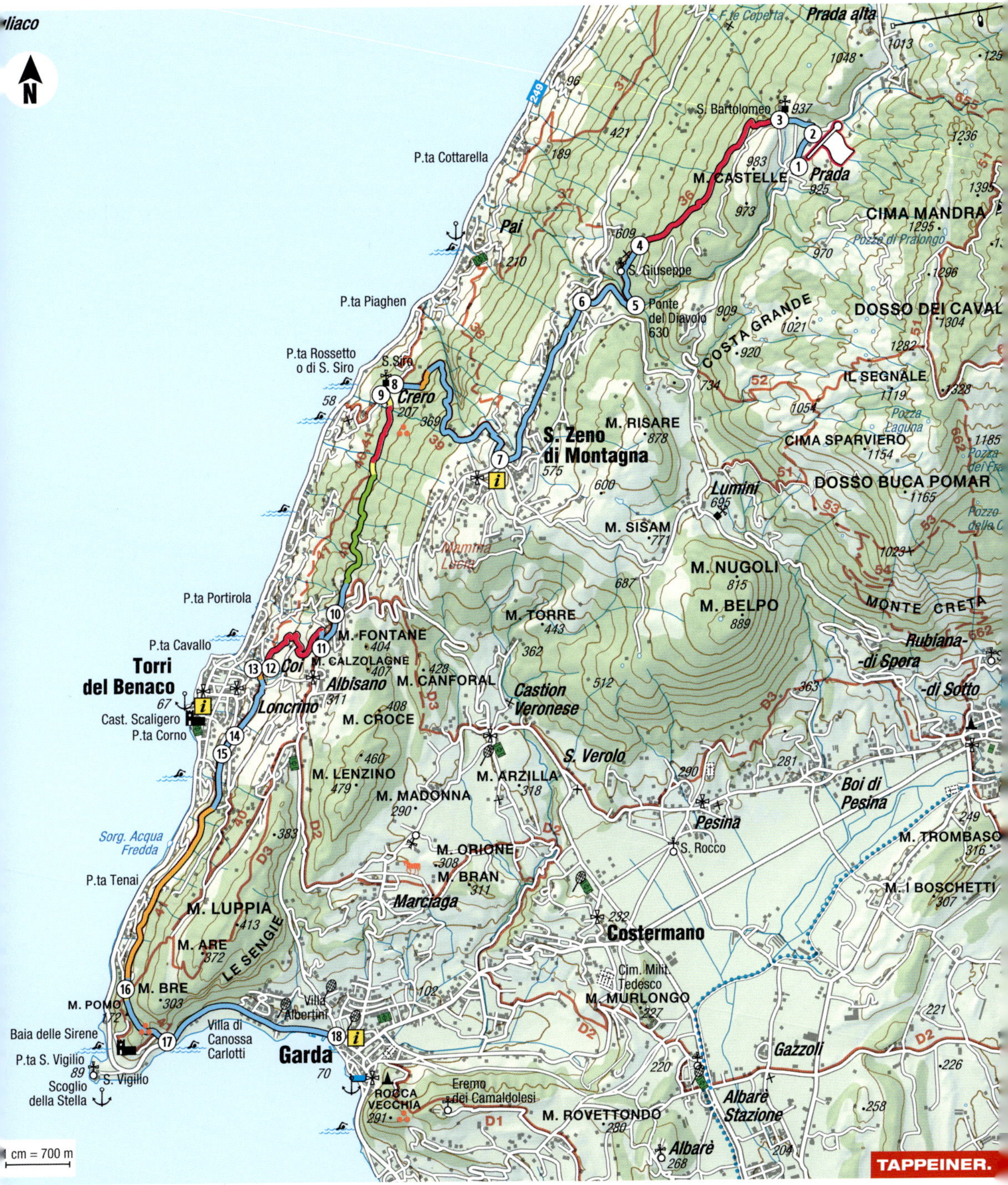

N
Prada alta
F.te Coperta
1048
1013
S. Bartolomeo
937
M. CASTELLE
983
973
Prada
925
1236
CIMA MANDRA
1295
Pozze di Pralongo
970
1296
P.ta Cottarella
189
421
96
249
Pai
210
609
S. Giuseppe
Ponte del Diavolo
630
COSTA GRANDE
909
1021
920
DOSSO DEI CAVAL
1304
1282
IL SEGNALE
1119
1328
734
1054
Pozza Laguna
CIMA SPARVIERO
1154
1185
DOSSO BUCA POMAR
1165
P.ta Piaghen
P.ta Rossetto o di S. Siro
S. Siro
Crero
207
369
58
S. Zeno di Montagna
575
M. RISARE
878
600
Lumini
695
M. SISAM
771
Mamma Lucia
687
M. NUGOLI
815
M. BELPO
889
1023
MONTE CRETA
Rubiana-
-di Spora
-di Sotto
363
P.ta Portirola
M. TORRE
443
362
M. FONTANE
404
P.ta Cavallo
Torri del Benaco
67
Cast. Scaligero
P.ta Corno
Coi
M. CALZOLAGNE
407
428
Albisano
311
M. CANFORAL
Castion Veronese
512
Loncrino
408
M. CROCE
460
M. LENZINO
479
M. ARZILLA
318
S. Verolo
290
281
Boi di Pesina
Pesina
S. Rocco
249
M. TROMBASO
316
M. MADONNA
290
383
Sorg. Acqua Fredda
P.ta Tenai
M. ORIONE
308
M. BRAN
311
Marciaga
M. I BOSCHETTI
307
M. LUPPIA
413
LE SENGIE
M. ARE
372
232
Costermano
M. POMO
172
M. BRE
303
Cim. Milit. Tedesco
M. MURLONGO
227
221
Villa Albertini
102
Baia delle Sirene
P.ta S. Vigilio
89
S. Vigilio
Scoglio della Stella
Villa di Canossa Carlotti
Garda
70
Gazzoli
226
ROCCA VECCHIA
291
Eremo dei Camaldolesi
M. ROVETTONDO
280
220
Albarè Stazione
258
Albarè
268
204
1 cm = 700 m
TAPPEINER.

Links auf der asphaltierten Straße bis ❺ Ponte del Diavolo (630 m) abfahren. Der Straße folgend bis zur ❻ SP 9, dann links Richtung ❼ San Zeno (575 m) abfahren. Kurz vor der Kirche trifft man auf eines der wenigen Schilder (Bus & Bike), die den Streckenverlauf kennzeichnen sollten. Rechts einfahren (Wegweiser „Cà Schena") und gleich bei der ersten Gabelung der Via Macchi talwärts folgen. Bei der Abfahrt ist Vorsicht geboten, sie ist anfangs asphaltiert, dann betoniert und extrem steil (Achtung auf Bremsenüberhitzung!). Rechtshaltend (Richtung Crero Nr. 39) erreicht man das Kirchlein ❽ San Siro (216 m). Links auf den mit Steinen ausgelegten Weg bis zur kleinen Ortschaft ❾ Crero (207 m). Beim ersten Gasthof links, bergauf der Beschilderung Albisano/Punta S. Vigilio folgen (kurze Schiebepassage). Auf Singletrails und Waldwegen erreicht man nach einem kurzen Gegenanstieg die ❿ Straße nach Albisano. Rechts Richtung Dorf bis zur ⓫ Giuseppe-Verdi-Straße. Rechts abfahren, bei der ersten Kreuzung links halten und neben einem auffallenden Eisentor in den rutschigen Singletrail einfahren. Immer talwärts fahrend stößt man auf ein alleinstehendes Haus; dieses passieren und rechts bis zur Ortschaft ⓬ Coi weiter. Am Dorfeingang rechts halten, bis zur ⓭ Kapelle. Links abbiegen, der Straße entlang, bis zur Straße nach Albisano ⓮ SP 32A. Der Beschilderung Bus & Bike bis zur ersten Kehre mit dem ⓯ E-Umspannwerk folgen. In die Bellinistraße abbiegen und hoch über dem Gardasee bis zu einem weiteren ⓰ E-Umspannwerk. Nach einer kurzen Schiebepassage dem Wegweiser „Garda Nr. 3" folgen. Die Abfahrt mündet direkt in die ⓱ Gardesana, auf der die letzten 2 km bis nach ⓲ Garda zurückgelegt werden.

Punta S. Vigilio

29 BARDOLINO – LA ROCCA

Start und Ziel:
Bardolino, 75 m

Höchster Punkt:
Eremo dei Camaldolesi, 280 m

Strecke: 13 km

Höhenmeter bergauf: 300 m

Höhenmeter bergab: 300 m

Zeit: 2 Std.

Schwierigkeit: ●○○○○

Kondition: ●●○○○

Uphill: ●○○○○

Downhill: ●●○○○

Tourenmonate: ganzjährig

Kartenmaterial: Kompass, Blatt 692, Monte Baldo Sud, 1:25.000

Anfahrt:
Brennerautobahn A22, Ausfahrt Rovereto Sud, Östliche Gardesana, Garda, Bardolino

Brennerautobahn A22, Ausfahrt Affi, Bardolino

Bardolino

Die Ortschaft Bardolino ist vor allem durch den Bardolino-Wein bekannt geworden. Die Trauben für diesen Wein gedeihen auf den fruchtbaren, sanften Moränenhügeln. Diese Geländeformation eignet sich außerdem auch zum Wandern und zum Radfahren. Wein und Tourismus sind heute die wichtigsten Wirtschaftsfaktoren dieses Gebietes.
Tipp: auf der 80 Kilometer langen Strada del Vino können rund 70 Weinkellereien besichtigt werden.

Abwechslungsreiche, gemütliche Halbtagestour quer durch Weinberge und Olivenhaine im Hinterland von Bardolino. Die Strecke ist bis auf wenigen Kreuzungssituationen gut ausgeschildert und dürfte keine Orientierungsschwierigkeiten bereiten. Auf ruhigen Nebenstraßen und kurzen Schotterpfaden erreicht man den höchsten Punkt dieser Radtour, La Rocca, eine markante Felsformation zwischen Bardolino und Garda. Etwas Fahrtechnik ist nur für die Abfahrt angesagt; der Waldweg bis zum Agritur All'Eremo ist holprig, der kurze Singletrail bis zur Ortschaft Mure steil und steinig.

Tourenbeschreibung

Start vom ❶ I-Point in Bardolino. Auf der Hauptstraße in nördliche Richtung bis zur Kreuzung mit dem Wegweiser „Eremo Camaldolesi". Rechts abfahren, der Straße entlang den ersten Hinweisschildern „La Rocca" folgen. Über Nebenstraßen bis zur ❷ Strada delle Tezze, dieser ein kurzes Stück folgen und eine Kehrtwende Richtung Süden schlagen. Abwechselnd über Schotterstraßen und Pfaden gelangt man zur ❸ Casa Maria. Bis zur Kreuzung abfahren und links der Beschilderung folgen. Quer durch Weinberge bis zur ❹ Strada Valleselle (Achtung, hier einem kurzen Abschnitt dem Schild „Giro dei Vigneti" folgen!). In ❺ Cortelline zur ❻ Hauptstraße fahren, diese überqueren und über eine schöne Zypressenallee leicht bergauf bis zum ❼ Eremo dei Camaldolesi (280 m). Auf dem Waldweg der Ringmauer entlang bis zum markanten Übergang ❽ Sella di Rocca (245 m) abfahren. Immer talwärts mündet der Weg direkt an der Terrasse des ❾ Gasthofes/Agritur All'Eremo (schieben!). Ein kurzer holpriger Singletrail endet in der Straße nach ❿ Le Mure. Talwärts erreicht man nach ca. 850 m die Auffahrtsstraße, der man bis zum Ausgangspunkt in Bardolino folgt.

Ausgeschilderte MTB-Tour **La Rocca** ▸

Asphalt	Forstweg	Wald/Wiese	Singletrail
49 %	32 %	11 %	8 %

30 CISANO – I VIGNETI

Start und Ziel:
Cisano, 70 m

Höchster Punkt:
Agritur Il Grappolo, 170 m

Strecke: 20 km

Höhenmeter bergauf: 250 m

Höhenmeter bergab: 250 m

Zeit: 2 Std.

Schwierigkeit: ●○○○○

Kondition: ●●○○○

Uphill: ●○○○○

Downhill: ●○○○○

Tourenmonate: ganzjährig

Kartenmaterial: Kompass, Blatt 695, Basso Garda – Gardasee Süd, 1:25.000

Anfahrt:
Brennerautobahn A22, Ausfahrt Rovereto Sud, Östliche Gardesana, Garda, Bardolino, Cisano

Brennerautobahn A22, Ausfahrt Affi, Cisano

In diesem Gebiet unternimmt man Biketouren am besten nicht im Sommer, idealerweise im Frühjahr oder im Herbst. Im Herbst sind die Tage etwas kürzer aber angenehm kühl. In dieser Zeit beginnen die Bauern auf den sanften Hügeln auch mit der Weinlese und der Olivenernte. Die Produktion von Olivenöl ist ein weiterer wichtiger Wirtschaftszweig des Gardasees. Alle Erzeuger des Sees stellen etwa 1 % der italienischen Gesamtproduktion; diese Menge ist zwar bescheiden, die Qualität des Öles aber weltbekannt.
Tipp: Besuch des Museo dell'Olio d'Oliva direkt an der Hauptstraße (begrenzte Parkmöglichkeit).

Diese familienfreundliche, leichte Rundtour wird im Uhrzeigersinn gefahren. Ein „Verfahren" ist bei dieser Tour kaum möglich, die ganze Strecke ist musterhaft ausgeschildert.

Tourenbeschreibung

Von der Kirche in ❶ Cisano (70 m) auf der Hauptstraße in südlicher Richtung und bei der ersten Kreuzung gleich links dem ersten Wegschild folgen. Auf der gut beschilderten Strecke erreicht man die Provinzstraße ❷ SP 31, die Straße queren und auf der Via Ceola fortfahren. Nach einem kurzen Stück Schotterstraße über die Strada Villa bis zur gleichnamigen ❸ Ortschaft (165 m). Bis zur Hauptstraße ❹ SP 31 fahren, die Straße passieren und rechts auf der Nebenstraße einfahren. In ❺ Calmasino (153 m) bis zur ❻ Piazza Risorgimento und auf der Via della Concordia einfahren. Immer den Schildern folgend bis zum ❼ Agritur Il Grappolo (170 m, höchster Punkt dieser Tour). Auf gemütlichen, teils geschotterten Nebenstraßen erreicht man die Ortschaft ❽ Montioni. Links zur Staatsstraße fahren, durch die ❾ Unterführung durch und rechts dem Wegweiser bis ❿ Palù folgen. Unweit davon gelangt man wieder auf die Staatsstraße; die ⓫ Überführung passieren und über ruhigen Nebenstraßen bis zur ⓬ Provinzstraße SP 31B. Geradeaus weiter bis zur Ortschaft ⓭ Valesana und in nördlicher Richtung der Streckenbeschilderung folgen. Nach 3,5 Kilometer erreicht man, unweit vom Ausgangspunkt, den ⓮ Parkplatz in Cisano.

Ausgeschilderte MTB-Tour | I Vigneti ▸

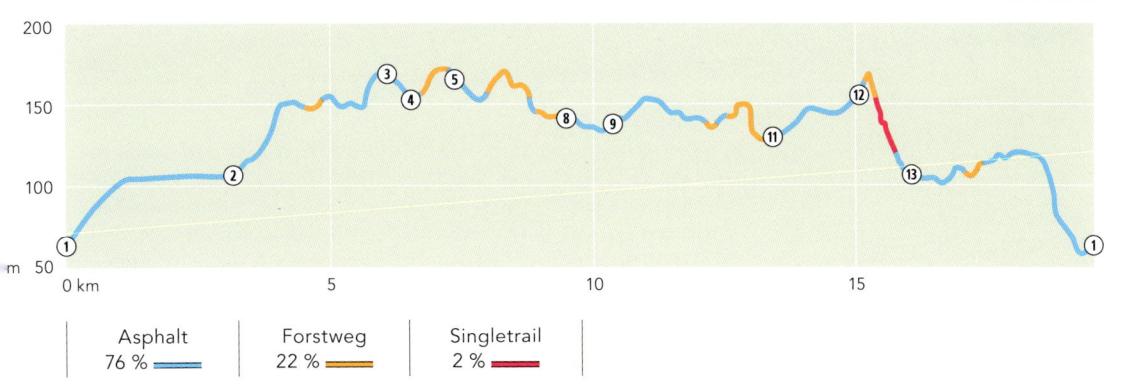

Asphalt	Forstweg	Singletrail
76 %	22 %	2 %

31 SALÒ – MADONNA DEL RIO

Start und Ziel:
Salò, 70 m

Höchster Punkt:
Madonna del Buon Consiglio,
524 m

Strecke: 15 km

Höhenmeter bergauf: 500 m

Höhenmeter bergab: 500 m

Zeit: 2–3 Std.

Schwierigkeit: ●●●○○

Kondition: ●●●●○

Uphill: ●●●○○

Downhill: ●●●○○

Tourenmonate: März–November

Kartenmaterial: Kompass, Blatt
694, Parco Alto Garda Bresciano

Anfahrt:
Brennerautobahn A22, Ausfahrt
Rovereto Sud, Westliche Garde-
sana, Salò

Brennerautobahn A22, Ausfahrt
Affi, SS450, A4, Ausfahrt Brescia
Est, Salò

Salò

In einer malerischen Bucht am südwestlichen Ufer des Gardasees
liegt die Ortschaft Salò. Sie ist mit über 10.000 Einwohnern die
größte Stadt am Westufer des Sees und gehört zur Provinz Brescia in der Lombardei. Das Gebiet nördlich von Salò bis Limone
sul Garda gehört zum Naturpark „Alto Garda Bresciano", der
1989 gegründet wurde. Die Mountainbiketouren im Berggebiet
des Naturparkes sind sehr anspruchsvoll, die Wege oft betoniert
und haben nicht selten eine Steigung von 20 % und mehr. Die
Pfade sind meist ausgewaschen, holprig und loses Geröll er-
schwert das Fahren merklich.

Eine Ganzjahrestour mit schönem Panorama und einer kniffligen
Abfahrt. Die Eckdaten dieses Vorschlages sollten nicht unter-
schätzt werden, mit etwas Kondition und einer sicheren Fahr-
technik ist der Spaß trotzdem garantiert. Bei der Abfahrt nach
Madonna del Rio ist ein Teilstück ziemlich ausgesetzt (Achtung
Absturzgefahr!).

Tourenbeschreibung

Von der Piazza Vittorio Emanuele II in ❶ Salò (70 m) zum See
abfahren; in nördlicher Richtung dem See entlang bis zum ersten
Kreisverkehr (Vorzugsspur für Fahrräder!). Den zweiten Kreisverkehr passieren und bis zur ❷ SS 45bis fahren. Die Straße überqueren (Achtung viel befahrene Straße!) und in südlicher Richtung
bis zur Abzweigung, die nach Serniga führt. Rechts bergauf auf
der Via Panoramica bis zum kleinen Dorf ❸ Serniga (414 m). Vom
Dorfzentrum, der rot-weißen Markierung Nr. 17 bis zur ❹ San-
Bernardo-Kirche folgen. Immer bergauf, den kaum fahrbaren
Hohlweg queren und auf dem schattigen Singletrail (Weg-Nr. 17)
bis zur asphaltierten Straße folgen. Rechts (Wegweiser Bagno-
lo) auf der asphaltierten Bergstraße bergauf bis zum höchsten
Punkt dieser Tour, dem ❺ Santuario Madonna del Buon Consiglio (524 m). Bei der Abzweigung oberhalb der Wallfahrtskirche
links abfahren (Weg-Nr. 16). Abwechselnd über einen kniffligen
Singletrail, kurze Schiebepassagen und Waldwege gelangt man
am Ende der Abfahrt direkt zur Wallfahrtskirche ❻ Madonna del
Rio (172 m). Weiter bis zum Dorfrand von ❼ Renzano (185 m); links
halten, das Dorf queren (gepflasterte Straße) und Richtung Salò
talwärts fahren. Am Ende der Abfahrt die ❽ SS 45bis überqueren
und über die Via Guglielmo Oberdan ins Zentrum von Salò zurück.

Leichte Abfahrtsvariante: Bei ❺ Santuario Madonna del Buon
Consiglio rechts halten, kurz bergauf und Richtung Corna-Busaro-
la abfahren.

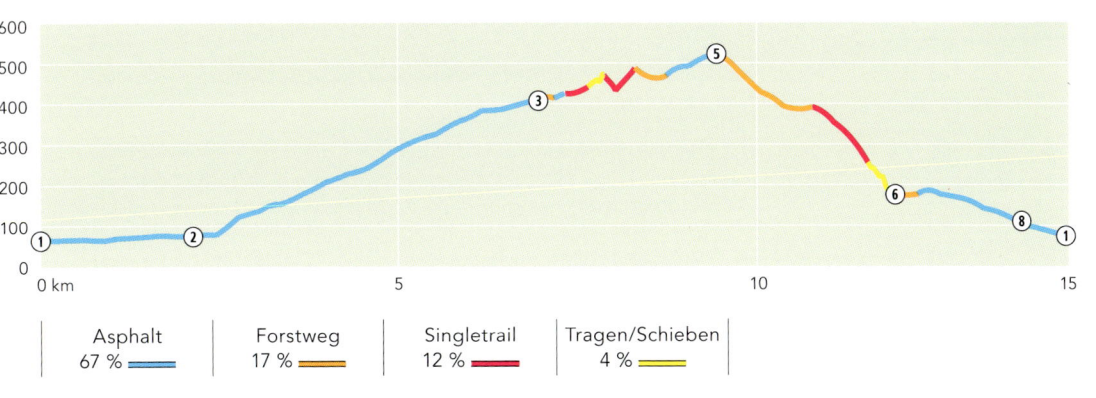

Asphalt	Forstweg	Singletrail	Tragen/Schieben
67 %	17 %	12 %	4 %

32 SALÒ – VALTENESI „LIGHT"

Start und Ziel:
Salò, 80 m

Höchster Punkt:
San Macario, 330 m (Laghi di Sovenigo)

Strecke: 24 km

Höhenmeter bergauf: 450 m

Höhenmeter bergab: 450 m

Zeit: 2–3 Std.

Schwierigkeit: ●●○○○○

Kondition: ●●○○○○

Uphill: ●○○○○○

Downhill: ●○○○○○

Tourenmonate: ganzjährig

Kartenmaterial: Kompass, Blatt 695, Basso Garda – Gardasee Süd; Kompass, Blatt 694, Parco Alto Garda Bresciano

Anfahrt:
Brennerautobahn A22, Ausfahrt Rovereto Sud, Westliche Gardesana, Salò

Brennerautobahn A22, Ausfahrt Affi, SS450, A4, Ausfahrt Brescia Est, Salò

Von Salò führt ein neuer Radweg auf die Hügel von Valtenesi. Ein einmaliges Naturschauspiel bieten im Juli/August die Laghi di Sovenigo, der Seespiegel wird gänzlich von Seerosen zugedeckt.

Diese leichte Mountainbiketour ist für Familien mit Kindern als Einsteiger-Tour oder auch als Halbtagestour geeignet. Die Route schlängelt sich verwirrend durch Weinberge und Olivenhaine, den richtigen Weg findet man am besten mit den GPS-Tracks. Viele kleine Dörfer laden zur verdienten Rast ein.

Tourenbeschreibung

Vom öffentlichen Schwimmbad in ❶ Salò (70 m) Richtung Sportplatz. Der Radroute entlang in die Via Nazario Sauro und auf der Via Giuseppe Solitro bis ❷ Campoverde. Rechts dem Radweg „Dr. Ugo Galliardi" bis zum großen Kreisverkehr und rechts in die Via Valene abbiegen. Nach etwa 200 m wieder rechts auf der ❸ Via Filippini bis ❹ Villa di Salò (165 m). Der Radroute Lonato folgend bis zu den ❺ Laghi di Sovenigo; am Ende des kleinen Sees rechts auf die Via Cima Semonte einfahren. Nach 1,6 km erreicht man den Vorort der Ortschaft ❻ Mura (233 m); auf der Via Predefitte und der ❼ Strada dei Vini gelangt man zum Agritur ❽ La Basia. Die Anlage umrunden und auf einem kurzen Stück Schotterstraße bis zur Hauptstraße ❾ SP 25. Links abbiegen und der Straße entlang bis zum ❿ Kreisverkehr in Mura. Rechts auf der Via Palazzi bis zur Piazza Mura und der Via degli Orti folgen bis ⓫ Picedo. In nördlicher Richtung, die Weinberge queren und auf der ⓬ Via Montanari bis zur ⓭ Verkehrsinsel bei Raffa abfahren. Der Radroute bis zur großen Kreuzung folgen und auf dem Radweg, der Aufstiegsstrecke entlang zum Ausgangspunkt zurück.

Salò

Asphalt 61 % | Radweg 29 % | Forstweg 10 %

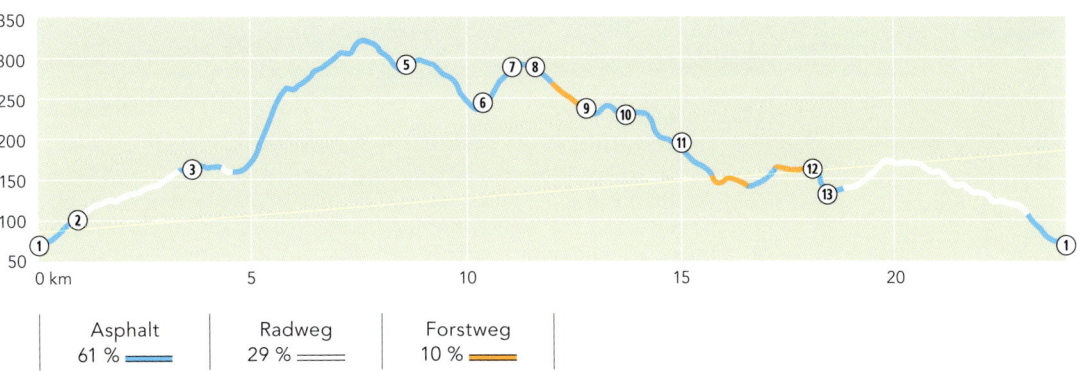

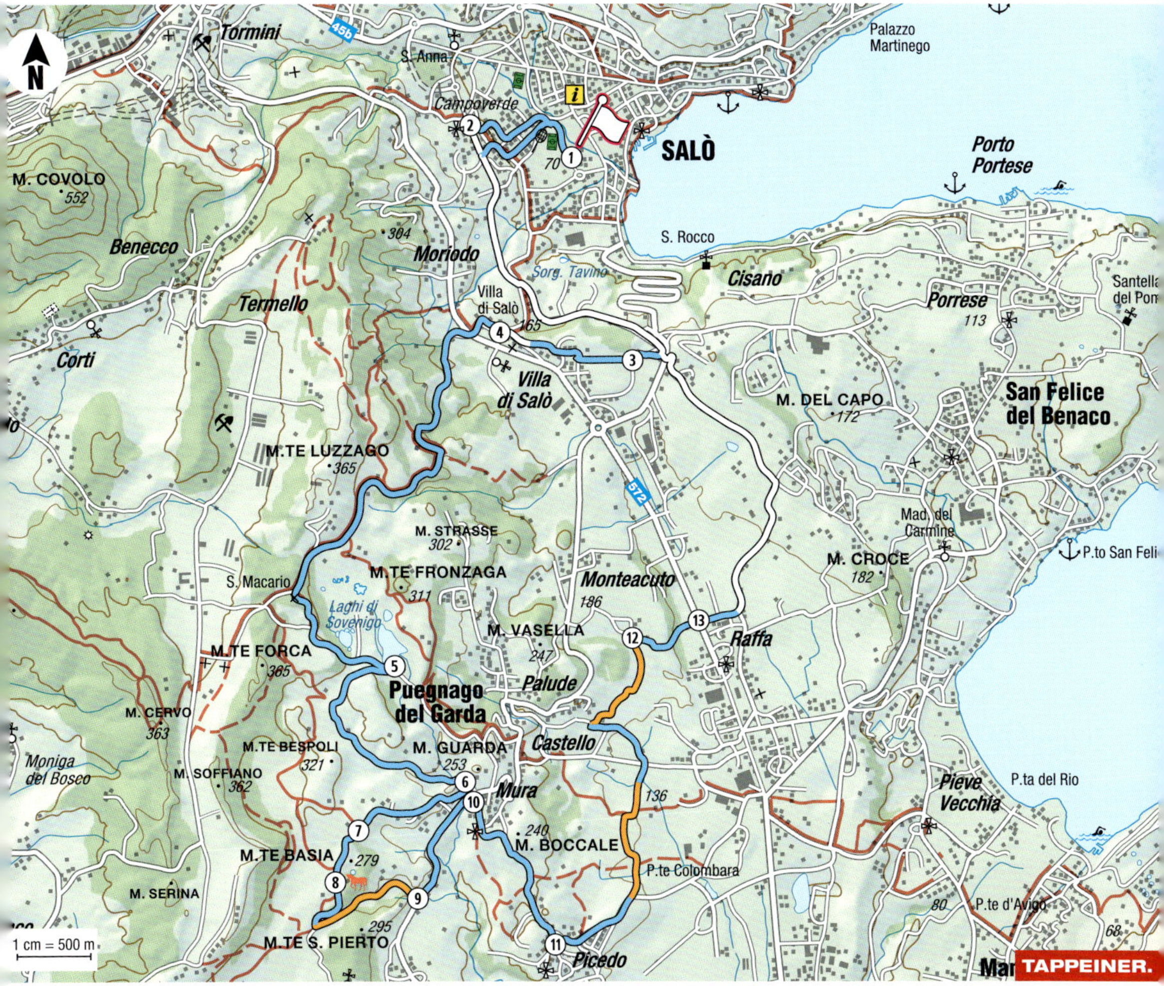

33 SALÒ – CAMPAGNA DI PICEDO

Start und Ziel:
Salò, 70 m

Höchster Punkt:
Mura, 235 m

Strecke: 21 km

Höhenmeter bergauf: 350 m

Höhenmeter bergab: 350 m

Zeit: 2–3 Std.

Schwierigkeit: ●●○○○

Kondition: ●●○○○

Uphill: ●●○○○

Downhill: ●●○○○

Tourenmonate: ganzjährig

Kartenmaterial: Kompass, Blatt 695, Basso Garda – Gardasee Süd; Kompass, Blatt 694, Parco Alto Garda Bresciano

Anfahrt:

Brennerautobahn A22, Ausfahrt Rovereto Sud, Westliche Gardesana, Salò

Brennerautobahn A22, Ausfahrt Affi, SS450, A4, Ausfahrt Brescia Est, Salò

Salò

Die Hügellandschaft Valtenesi liegt zwischen Salò und Desenzano del Garda. Das milde Klima sorgt hier für eine üppige Vegetation, die von Olivenbäumen, Zypressen, Zitronen und Palmen beherrscht wird. Auf diesen fruchtbaren Moränenhügeln wird heute erstklassiger Wein produziert.

Diese leichte Einsteigertour verläuft meist auf asphaltierten Nebenstraßen und kann in beide Richtungen gefahren werden. Auf zwei kurzen Teilstücken ist der Untergrund geschottert und einige Kilometer verlaufen auf den stark befahrenen Verbindungsstraßen. Ein schöner Radweg führt die letzten Kilometer bis Salò zurück. Für diese verwinkelte Tour, sollte man am besten dem GPS-Track folgen.

Tourenbeschreibung

Vom öffentlichen Schwimmbad in ❶ Salò (70 m) zur nahen Verkehrsinsel fahren. Am Einkaufzentrum vorbei bis zur zweiten Verkehrsinsel und rechts der Straße Richtung Desenzano folgen. 1 km dem See entlangfahren und rechts leicht bergauf bis zum Dorf ❷ Cisano (140 m). Bei der Dorfeinfahrt links in die Via del Pozzo abfahren und der flachen Straße bis ❸ Portese (113 m) folgen. Das verwinkelte Dorfzentrum queren und linker Hand bis zur Kirche (Strada dei Vini e dei Sapori). Vor der Kirche, rechtshaltend bis zur nächsten ❹ Verkehrsinsel, dem Wegweiser Cisano folgend bis zur Einmündung in die Provinzstraße ❺ SP 39. Leicht bergab bis zum Dorf ❻ San Felice del Benaco (109 m); das Dorf links umfahren und das Zentrum queren. Bei der Kreuzung mit der ❼ Madonnen-Kapelle links bis zur ❽ Verkehrsinsel mit den drei Zypressen. Auf der Hauptstraße Richtung Desenzano bis zur Ortschaft ❾ Raffa (152 m). Genau am Dorfeingang links in die Via delle Cave einbiegen. Bei den nächsten Abzweigungen immer rechts halten und der Via delle Cave bis zur ❿ Verkehrsinsel folgen. Weiter Richtung Polpenazze del Garda, über die Via Monte Zalto bergauf (Schotter) bis zur asphaltierten ⓫ Straße. Der steilen Straße bis ins Dorf ⓬ Picedo folgen. Auf der Via Novaglio abfahren, kurz vor einem Wirtschaftsgebäude, rechts, steil bergauf bis zur Ortschaft ⓭ Mura (235 m). Auf der Provinzstraße entlang bis ⓮ Castello (210 m) und ⓯ Monteacuto (186 m) bis zur Verkehrsinsel in ⓰ Cunettone. Geradeaus weiter und links, anfangs auf der Via Gradoni, dann auf der Via Valene bis zur großen ⓱ Kreuzung fahren. Dem Radweg folgend bis ⓲ Campoverde und durch verwinkelte Nebenstraßen zum Startpunkt zurück.

Asphalt	Radweg	Forstweg
82 %	10 %	8 %

34 D'ANNUNZIO BIKE

Start und Ziel:
Gardone Riviera, 75 m

Höchster Punkt:
Il Pirello, 1030 m

Strecke: 22 km

Höhenmeter bergauf: 1010 m

Höhenmeter bergab: 1010 m

Zeit: 3–4 Std.

Schwierigkeit: ●●●●○

Kondition: ●●●●●

Uphill: ●●●●○

Downhill: ●●●●○

Tourenmonate: Mai–Oktober

Kartenmaterial: Kompass, Blatt
694, Parco Alto Garda Bresciano

Anfahrt:
Brennerautobahn A22, Ausfahrt
Rovereto Sud, Westliche Garde-
sana, Gardone

Brennerautobahn A22, Ausfahrt
Affi, SS450, A4, Ausfahrt Brescia
Est, Salò, Gardone

Tresnico

Die viel befahrene Gardesana teilt Gardone, den Startort dieser Tour, in zwei Hälften. An der Seeuferseite befinden sich feine Hotels mit schmalen Stränden, bergwärts das eigentliche Dorfzentrum mit seinen bunten Häusern.

Alle Jahre wird im Herbst das „D'Annunzio Bike"-Mountainbike-Rennen ausgetragen: mit 38 km und 1500 Hm kreuz und quer durch die steilen Gardaseeberge, ist es eines der schwierigsten Rennen am südlichen Gardasee. Die Tour meidet einige fast unfahrbare Teilstücke und folgt nicht immer der originalen Route. Trotz Streckenverkürzung ist eine gute Kondition und eine sichere Fahrtechnik notwendig. Vom Dorf San Michele führt eine extrem steile Forststraße 600 Hm bis zum höchsten Punkt, Il Pirello. Bei der Abfahrt sollte man besonders vorsichtig sein, die bis zu 30 % steilen, betonierten Abschnitte könnten die Bremsen schnell zum Glühen bringen …

Tourenbeschreibung

Von der Hauptstraße in ❶ Gardone bergauf zum Parkplatz und dort dem Wegweiser Vittoriale folgen. Nach 400 m kommt man zu einem ❷ Brunnen; weiter bergwärts unter der ❸ Brücke hindurch bis zum ❹ Rathaus von Gardone Riviera. Auf der gepflasterten Straße das Dorf durchqueren und bis zur ❺ Piazza del Vittoriale. Links durch den Torbogen und steil bergauf dem Wegweiser Monte Cucco folgen. Auf einer steilen, gepflasterten Straße zur ❻ Villa Curiosa, am Haus rechts vorbei und auf der extrem steilen gepflasterten Straße bis zum ❼ Brunnen vor dem Dörfchen ❽ Tresnico (317 m). Bei der Kirche links, zur Hauptstraße queren und auf der Via Panoramica entlang bis zur ❾ Kapelle San Michele und weiter bis zum Dorf ❿ San Michele (400 m). Das Dorf durchqueren und nach der Brücke rechts in das ⓫ Val di Sur abbiegen. Nach 200 m wieder rechts halten (Schild Monte Spino) und talein bis zum Abzweig mit der Betonrampe. Die Betonrampe hochfahren und über den steilen Forstweg bis zum höchsten Punkt der Tour ⓬ Il Pirello (1030 m). Noch etwa 50 m der Straße bergauf folgen, dann rechts in den Singletrail talwärts einfahren (Schild S. Urbano; kaum sichtbar). Nach etwa 100 Hm gelangt man zu einer ⓭ Wegschranke, kurz dem Waldweg folgen und auf der Forststraße bis ⓮ San Urbano (872 m) abfahren. Steil nach unten, der Beschilderung „Sanico" (Weg-Nr. 6) folgend, gelangt man zu einem ⓯ verlassenen Haus; rechts Richtung Vesegna/Pradafa abfahren. Immer noch steil talwärts bis zu einer Privatstraße, nun dem Wegweiser Magnico weiter bergab folgen. Abwechselnd über extrem steile Singletrails und betonierten Abschnitten (rot-weißer Markierung folgen) gelangt man zum Dörfchen ⓰ Bezzuglio (200 m). Vom dort Richtung Gardone di Sopra weiter talwärts, erreicht man die Piazza Vittoriale; auf der Auffahrtsstrecke zum Startpunkt zurück.

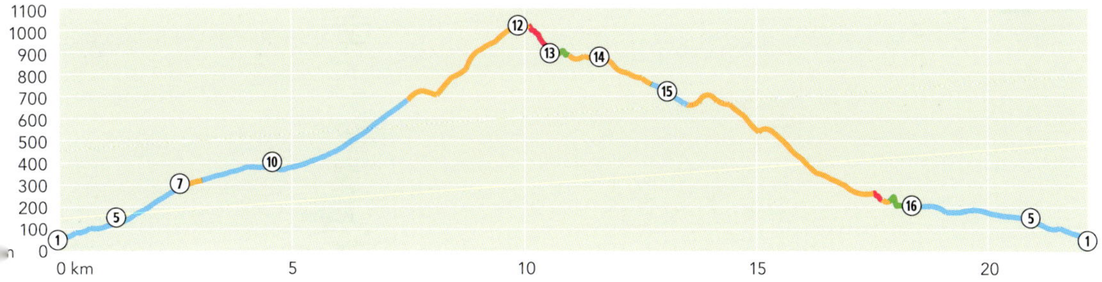

Asphalt	Forstweg	Wald/Wiese	Singletrail
53 %	40 %	4 %	3 %

1 cm = 500 m

TAPPEINER.

35 LE CAMERATE VON TOSCOLANO-MADERNO

Start und Ziel:
Toscolano-Maderno, 75 m

Höchster Punkt:
Handwerkerzone von Navazzo, 487 m

Strecke: 15 km

Höhenmeter bergauf: 500 m

Höhenmeter bergab: 500 m

Zeit: 2–3 Std.

Schwierigkeit: ●●○○○

Kondition: ●●●○○

Uphill: ●●○○○

Downhill: ●●○○○

Tourenmonate: April–November

Kartenmaterial: Kompass, Blatt 694, Parco Alto Garda Bresciano

Anfahrt:
Brennerautobahn A22, Ausfahrt Rovereto Sud, Westliche Gardesana, Toscolano-Maderno

A4, Ausfahrt Brescia Est, Salò, Toscolano-Maderno

Toscolano-Maderno liegt am Westufer des Gardasees und ist der Zusammenschluss zweier Gemeinden. Toscolano war im Mittelalter für seine Papierherstellung und Buchdruckerei bekannt. Seit 1381 wurde in der Valle delle Cartiere (Papiermühlental) Papier hergestellt. Entlang des Flusses kann man heute noch die Reste dieser einmaligen Industriearchäologie bewundern.

Die steilen Anstiege und anspruchsvollen Abfahrten erschweren am Gardasee auch kürzere Mountainbiketouren. Bis zum „Ponte Le Camerate" ist die Strecke noch einigermaßen fahrbar, die restlichen 150 Höhenmeter bis zur Hochebene von Navazzo müssen wohl geschoben werden. Die Abfahrt am Fuße des Monte Castello entlang wartet mit einem atemberaubenden Panorama auf. **Tipp:** Abstecher zum Dorf Navazzo.

Tourenbeschreibung

Vom Rathaus in ❶ Toscolano-Maderno (75 m) auf der Hauptstraße Richtung Gaino. Bei der ersten ❷ Verkehrsinsel rechts bergauf dem Wegweiser Cecina/Pulciano bis zur ❸ Kirche San Michele folgen. Geradeaus weiter der Straße entlang bis zum ❹ Dorf Gaino (274 m). Von der Piazza Michelangelo im Dorfzentrum rechts auf dem Forstweg der Beschilderung „Le Camerate" folgen. Der Weg in die Schlucht „Valle delle Cartiere" ist anfangs noch flach. Kurz vor dem Ponte delle Camerate zweigt man rechts ab und überwindet schiebend etwa 150 Hm. Der Weg wird zunehmend fahrbarer und am Ende der Steigung gelangt man zu einem ❺ E-Umspannwerk. Der Straße bis zur ❻ Handwerkerzone von Navazzo folgen; nun rechts, leicht bergauf bis zur Abzweigung mit dem Forstweg. Auf dem Forstweg talwärts bis zu einer kurzen betonierten Rampe und linkerhand der rot-weißen Markierung (Nr. 20) folgen. Hoch über dem See, den Berg querend, erreicht man das Dörfchen ❼ Cabiana (285 m). In südlicher Richtung, dem Wegweiser Nr. 19 (rot-weiß) folgend bis Gaino und auf der Auffahrtsstrecke bis zum Rathaus in Toscolano-Maderno zurück.

Toscolano-Maderno

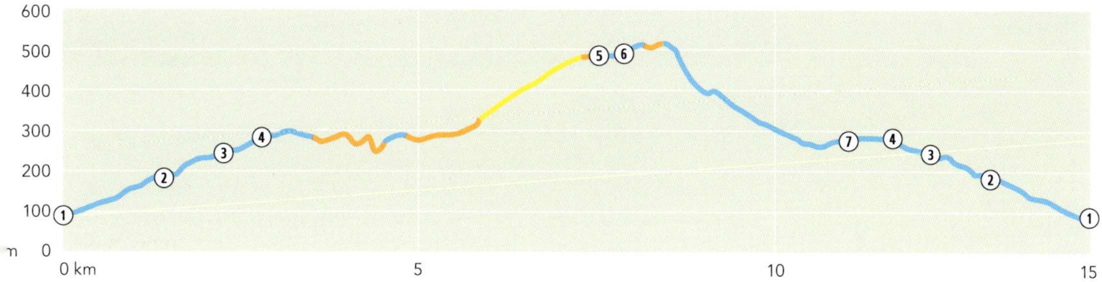

Asphalt
73 %

Forstweg
17 %

Tragen/Schieben
10 %

1 cm = 500 m

TAPPEINER.

36 UMRUNDUNG DES MONTE PIZZOCOLO

Start und Ziel:
Toscolano-Maderno, 75 m

Höchster Punkt:
Rifugio Pirlo allo Spino, 1165 m

Strecke: 30 km

Höhenmeter bergauf: 1250 m

Höhenmeter bergab: 1250 m

Zeit: 4–5 Std.

Schwierigkeit: ●●●●○

Kondition: ●●●●●

Uphill: ●●●●●

Downhill: ●●●●●

Tourenmonate: Mai–Oktober

Kartenmaterial: Kompass, Blatt 694, Parco Alto Garda Bresciano

Anfahrt:
Brennerautobahn A22, Ausfahrt Rovereto Sud, Westliche Gardesana, Toscolano-Maderno

A4, Ausfahrt Brescia Est, Salò, Toscolano-Maderno

Mit einer Höhe von 1518 m ist der Monte Pizzocolo der höchste Berg am Westufer des Gardasees. Dieser Aussichtsberg ist auch ein sehr beliebtes Ausflugsziel bei Wanderern; über die Süd- oder Westseite kann man sogar mit dem Bike den höchsten Punkt erreichen. Bei dieser Tour wird der Gipfel „nur" umrundet, die Aussicht vom Rifugio Pirlo allo Spino ist aber ebenso lohnenswert.

Eine lange anstrengende Rundtour abseits von Lärm und Verkehr. Die Auffahrt bis zum Passübergang ist steil und kurze Schiebepassagen erschweren zusätzlich den Aufstieg. Die meisten Pfade sind vom Regen ausgewaschen und die steilsten Kehren mit Beton versehen, für durchtrainierte Mountainbiker eigentlich kein Problem. Vorsicht bei den Abfahrten!

Tourenbeschreibung

Vom Rathaus in ❶ Toscolano-Maderno (75 m) auf der Hauptstraße Richtung Gaino. Bei der ersten ❷ Verkehrsinsel rechts, bergauf dem Wegweiser Cecina/Pulciano folgen, vorbei an der Kirche San Michele und in westlicher Richtung bis ❸ Gaino (274 m). Von der Piazza Michelangelo im Dorfzentrum rechts auf dem Forstweg der Beschilderung „Le Camerate" folgen. Ein flacher Forstweg führt talein bis zum ❹ Ponte Le Camerate (300 m). Die Holzbrücke passieren, steil bergauf erreicht man nach einer kurzen Schiebepassage das ❺ Agritur San Lorenzo. Geradeaus weiter der Beschilderung Rif. Pirlo (Weg-Nr. 2) folgend bis zum Parkplatz bei ❻ Palazzo di Archesane (816 m). Abwechselnd schiebend oder tragend erreicht man den ❼ Passo dello Spino (1154 m). Von der Passhöhe gelangt man in Kürze zum nahen ❽ Rifugio Pirlo allo Spino (1165 m); Einkehrmöglichkeit. Die gleiche Strecke bis zum Übergang zurückfahren. Über den steilen Weg (Wegweiser, Pirello Weg-Nr. 8) talwärts bis zur Kreuzung ❾ Il Pirello (1030 m) abfahren. Den Bergrücken entlang schlängelt sich ein Forstweg steil nach unten und endet in einer asphaltierten ❿ Straße. Rechts halten, immer talwärts vorbei am ⓫ Hotel Colomber, bis zur ⓬ Via Val di Sur; die Brücke passieren und weiter bis zum ⓭ Dorf San Michele. Das Dorf durchqueren, linkshaltend auf der Via della Calma Richtung Maderno weiterfahren. Vom Dorf ⓮ Supiane (288 m) Richtung Maderno bis zur Einmündung in die ⓯ SS 45 bis abfahren. Ein kurzes Stück auf dem Radweg bis zur Einmündung in die ⓰ Staatsstraße, der man bis zum Hafen von ⓱ Toscolano-Maderno folgt. Auf dem Radweg dem Ufer entlang links zur ⓲ Piazza San Marco und auf der ⓳ SS 45 bis in nördliche Richtung zum Ausgangspunkt zurück.

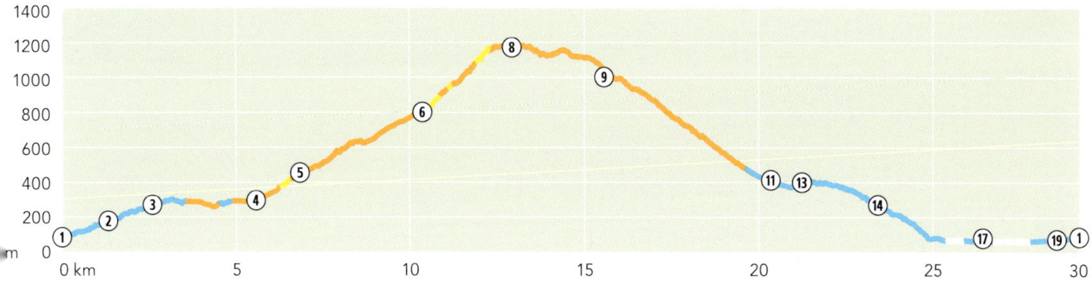

Elevation profile

	Asphalt	Radweg	Forstweg	Tragen/Schieben
	39 %	7 %	51 %	3 %

1 cm = 700 m

TAPPEINER.

37 ZUR MONTE-PIEMP-HÜTTE

Start und Ziel:
Gardola, 580 m (Tignale)

Höchster Punkt:
Kurz vor dem Passo d'Ere,
1190 m

Strecke: 22 km

Höhenmeter bergauf: 800 m

Höhenmeter bergab: 800 m

Zeit: 3–4 Std.

Schwierigkeit: ●●●○○

Kondition: ●●●●○○

Uphill: ●●○○○

Downhill: ●●●●○

Tourenmonate: Mai–Oktober

Kartenmaterial: Kompass, Blatt
694, Parco Alto Garda Bresciano

Anfahrt:
Brennerautobahn A22, Ausfahrt
Rovereto Sud, Westliche Garde-
sana, Tignale

A4, Ausfahrt Brescia Est, Salò,
Tignale

Ausblick zum See

Die Hochebene von Tignale befindet sich noch im Naturpark
Alto Garda Bresciano am westlichen Gardasee. Mit durchschnitt-
lich 600 m ü. d. M. und fernab vom Trubel am See ist sie ein
idealer Ausgangspunkt für viele Mountainbike-Touren. Unzählige
Militärstraßen, Pfade und Forststraßen durchziehen die dicht
bewaldeten Berge dieser Gegend.

Eine perfekte Tour: über einer schmalen Bergstraße gemütlich
bergauf, auf fahrbaren Schotter-, Forst- und Waldwegen, talwärts.
Wie gewohnt sind die steilsten Passagen betoniert, dort ist etwas
Vorsicht geboten. Die einzige Einkehrmöglichkeit bietet das Rifugio Cima Piemp (Selbstversorgerhütte), hier kann man aber immer
Wasser erwerben. Im August und September kochen am Samstag
und Sonntag die „Alpini" herzhafte italienische Gerichte.

Tourenbeschreibung

Vom Sportzentrum (kleiner Parkplatz) in der Fraktion ❶ Gardola
(580 m) gleich bergauf bis zur Ortschaft ❷ Olzano (647 m). Der
asphaltierten Bergstraße (WegNr. 253/Piemp) bis zum ❸ Rifugio Cima Piemp (1160 m) folgen. Gleich unter der Hütte rechts,
in westlicher Richtung in den Forstweg (WegNr. 261) einfahren.
Auf dem schönen, teils flachen Weg bis zum ❹ Hubschrauber-
landeplatz und dann in mäßiger Steigung bis zum ❺ Passo d'Ere
(1131 m). Über die steilen Serpentinen talwärts bis zur ❻ Bocca
di Paolone (953 m) abfahren. Links halten (Weg-Nr. 253, rot-weiße
Markierung) und auf dem Forstweg talwärts bis zum ❼ Passo di
Fobbia (907 m). Eine lange, steile Abfahrt mit einigen betonierten
Passagen (Richtung Aer) mündet nach einem kurzen Gegenanstieg in die asphaltierte ❽ Straße. Der Straße entlang bis zum
Dorfplatz in ❾ Aer (567 m), dann Richtung Olzano und zum Startpunkt in Gardola zurück.

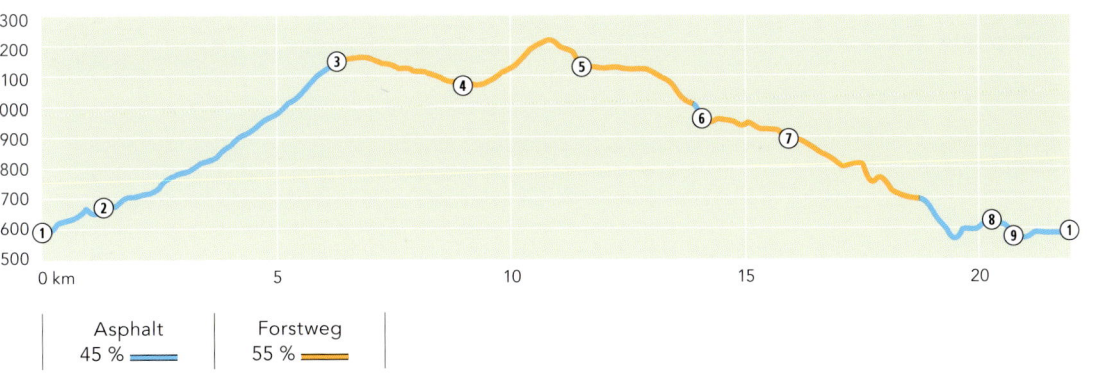

Asphalt	Forstweg
45 %	55 %

38 CAMPIONE – BOCCA DI NEVESE

Start und Ziel:
Campione del Garda, 70 m

Höchster Punkt:
Bocca di Nevese, 750 m

Strecke: 24 km

Höhenmeter bergauf: 1100 m

Höhenmeter bergab: 1100 m

Zeit: 3 Std.

Schwierigkeit: ●●●○○

Kondition: ●●●●○

Uphill: ●●●○○

Downhill: ●●○○○

Tourenmonate: März–November

Kartenmaterial: Kompass, Blatt
694, Parco Alto Garda Bresciano

Anfahrt:

Brennerautobahn A22, Ausfahrt
Rovereto Sud, Westliche Gardesana, Campione

A4, Ausfahrt Brescia Est, Östliche Gardesana, Campione

Jahrhundertelang trugen die Bewohner von Pieve und den umliegenden Dörfern ihre Waren über steile Pfade zum 300 Meter tiefer gelegenen See. Im Jahre 1913 wurde die Verbindungsstraße „Forra del Brasa" realisiert. Diese einmalige Straße schlängelt sich durch das enge und dunkle Brasatal und endet direkt im „Paradies am Gardasee", so wird Tremosine auch bezeichnet.

Eine mittelschwere Mountainbiketour für heiße Sommertage. Die steilen Auffahrten verlangen etwas Kondition und der verwinkelte Streckenverlauf ein gutes Orientierungsvermögen. Auf der ganzen Strecke bieten sich in den Dörfern etliche Möglichkeiten zur Einkehr an; für Schwindelfreie am besten auf der Panoramaterrasse vom Restaurant-Pizzeria San Marco im kleinen Dorf Pregasio …

Tourenbeschreibung

Vom Dorfplatz in ❶ Campione (70 m) dem Radweg in nördlicher Richtung folgen. Beim ❷ Tunnel rechts halten und auf der alten Straße dem See entlang. Linkshaltend bergauf dem Steig bis zur ❸ Einmündung in die Straße. Der Straße entlang bis zum ❹ Tunnel, rechts dem Wegweiser Pieve folgen. Nach etwa 700 m erreicht man wieder die ❺ Hauptstraße „Forra del Brasa". Der Straße bergauf durch die finstere Schlucht, vorbei am ❻ Gasthof La Forra, bis ❼ Pieve (413 m) folgen. Vom Kreisverkehr in Pieve auf der Hauptstraße bis zur Ortschaft ❽ Priezzo (432 m). Von der Kirche talwärts der Schotterstraße (Nr.268/Voltino) bis ❾ Ponti (360 m) folgen. Bergauf weiter der Beschilderung Vesio folgend bis zur ❿ Straße. Rechts halten, dann links in die ⓫ Via Era abbiegen. Steil bergauf, zum Teil auf geschotterten Wegen bis zum Dörfchen ⓬ Voiandes (592 m). Bis zur ⓭ Hauptstraße weiter, links bis zur Bushaltestelle und wieder links der Beschilderung Secastello/Nevese folgen. Nach etwa 100 Hm erreicht man den höchsten Punkt dieser Tour, die ⓮ Bocca di Nevese (750 m). Anfangs auf der asphaltierten Straße, dann über den Forstweg talwärts bis nach ⓯ Pregasio (477 m). Vom Ristorante San Marco in Pregasio, ca. 300 m bergauf fahren und rechts dem Weg Nr. 205 folgen und bis ⓰ Mezzema (279 m) hinunterfahren. Vor der Kirche rechts halten, bergab bis Pieve und der Auffahrtsstrecke entlang bis nach Campione zurück.

Campione del Garda

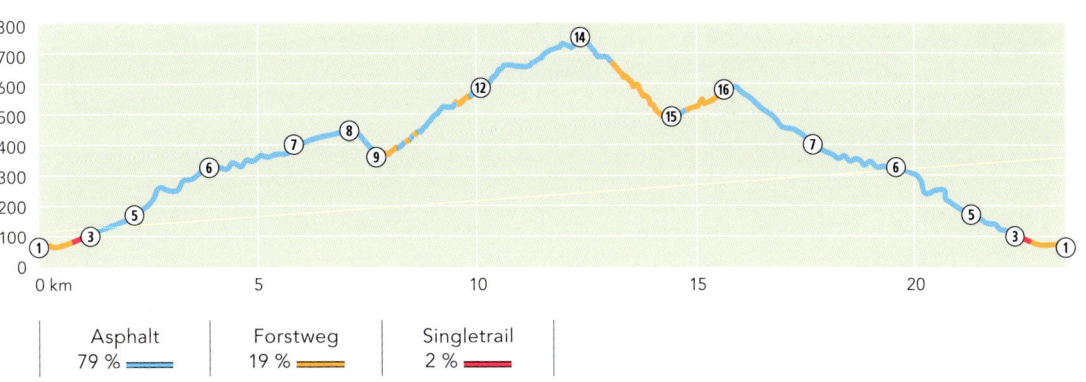

Asphalt	Forstweg	Singletrail
79 %	19 %	2 %

39 VESIO – PASSO NOTA

Start und Ziel:
Vesio, 620 m (Tremosine)

Höchster Punkt:
Muravalle, 1300 m

Strecke: 20 km

Höhenmeter bergauf: 700 m

Höhenmeter bergab: 700 m

Zeit: 3 Std.

Schwierigkeit: ●●●○○

Kondition: ●●●○○

Uphill: ●●○○○

Downhill: ●●●●○

Tourenmonate: Mai–Oktober

Kartenmaterial: Kompass, Blatt
694, Parco Alto Garda Bresciano

Anfahrt:
Brennerautobahn A22, Ausfahrt
Rovereto Sud, Westliche Gardesana, Tremosine

A4, Ausfahrt Brescia Est, Östliche Gardesana, Tremosine

*Geschütz nahe dem
Rifugio degli Alpini*

Bereits die Anfahrt nach Tremosine ist ein Abenteuer: von Limone sul Garda schlängelt sich eine schmale Bergstraße bis zur Hochebene von Tremosine. Von dieser Panoramaterrasse sieht man den nördlichen Teil des Gardasees und gegenüberliegend den Monte Baldo. Durch das milde Klima und die vielen Tourenmöglichkeiten ist dieses Gebiet bei den Bergradlern ein beliebter Urlaubsort geworden.

Die Biketour zum Passo Nota gehört für jeden Bike-Urlauber auf dieser Hochebene zum Pflichtprogramm. Der Aufstieg erfolgt über das Valle di Bondo auf der bekannten Tremalzostraße. (Vorsicht, die schmale Straße mit ihren 16 Kehren ist nicht für den Verkehr gesperrt!). Die Abfahrt über einen holprigen Militärweg mit sechs, zum Teil finsteren Tunnels, ist holprig und steil und endet unweit vom Startpunkt in Vesio. In den Sommermonaten kochen im Rifugio degli Alpini fleißige „Gebirgsjäger" einfache, aber schmackhafte Gerichte.

Tourenbeschreibung

Man startet vom Parkplatz nahe dem Hotel La Pertica oberhalb von ❶ Vesio (620 m). Vor der Einfahrt zum Parkplatz leicht bergab in das Valle di Bondo abfahren. Der Straße entlang bis zur Ortschaft ❷ Val di Bondo (700 m). Stufenweise nimmt die Steigung zu und man erreicht den Punkt ❸ Le Acque (887 m); über 16 Serpentinen gelangt man dann zum ❹ Passo Nota (1211 m) und dem Rifugio degli Alpini (Einkehrmöglichkeit). Bis zur Kreuzung zurückfahren und links dem Wegweiser nach Vesio folgen. Vorbei am „Cimitero di Guerra" erreicht man nach einem kurzen Gegenanstieg den höchsten Punkt bei ❺ Muravalle (1300 m). Entlang der holprigen Militärstraße führt die Abfahrt durch 6 Felsentunnels und etlichen Serpentinen steil nach unten bis zur ❻ Einmündung in die Straße, unweit vom Startpunkt in Vesio.

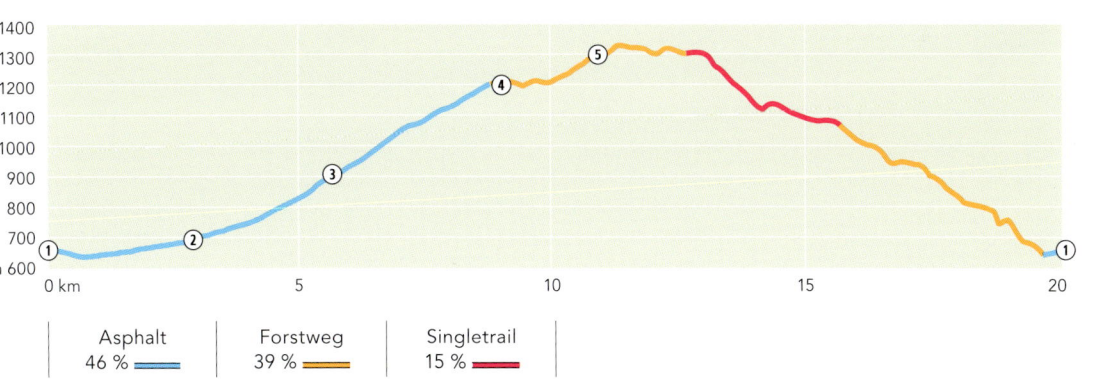

40 VESIO – VALLE SAN MICHELE – TREMALZO

Start und Ziel:
Vesio, 620 m (Tremosine)

Höchster Punkt:
Bocca di Val Marza, 1787 m

Strecke: 38 km

Höhenmeter bergauf: 1400 m

Höhenmeter bergab: 1400 m

Zeit: 4–5 Std.

Schwierigkeit: ●●●●●

Kondition: ●●●●●

Uphill: ●●●●○

Downhill: ●●●●●

Tourenmonate: Mai–Oktober

Kartenmaterial: Kompass, Blatt 694, Parco Alto Garda Bresciano

Anfahrt:
Brennerautobahn A22, Ausfahrt Rovereto Sud, Westliche Gardesana, Tremosine

A4, Ausfahrt Brescia Est, Östliche Gardesana, Tremosine

Die Gemeinde von Tremosine besteht aus 18 kleinen Fraktionen. Pieve, der Hauptort und die restlichen Dörfer sind weit auf den Hügeln dieser Hochebene verstreut. Die Menschen lebten hier lange Zeit von der Landwirtschaft, heute ist der Tourismus der wichtigste Wirtschaftszweig. Im Hinterland kann man in den Bergen aber noch Ruhe finden, wohl deshalb zieht es immer mehr Biker in dieses Gebiet.

Eine abwechslungsreiche Rundtour mit anstrengenden Berg- und Talfahrten für konditionsstarke Mountainbiker. Die 18 Kilometer lange Auffahrt bis zum Tremalzo ist eigentlich nur „anstrengend", der kurze Abschnitt von der Malga Cà dell'Era bis zur Malga Ciapa ist etwas steiler und der Untergrund verblockt. Die Abfahrt von der Bocca di Val Marza erfordert gutes Gleichgewicht und eine sichere Fahrtechnik. Dieser Weg windet sich steil talwärts, einige Stellen sind extrem ausgesetzt (Vorsicht Absturzgefahr!). Dieser Abschnitt wird auch gerne in entgegengesetzter Richtung befahren!

Tourenbeschreibung

Vom Parkplatz nahe dem Hotel La Pertica, oberhalb von ❶ Vesio, (620 m) auf der etwas höher gelegenen Nebenstraße Richtung Polzone fahren. Nach etwa 1 km mündet diese in die ❷ Hauptstraße SP 38; rechts Richtung Salò abfahren. Der Straße bis zur ❸ Bushaltestelle in Polzone folgen. Rechts in das Valle di San Michele einfahren (Wegweiser Passo Tremalzo, 18 km). 3 km der flachen Straße bis zur Staustufe am ❹ Ponte San Michele folgen. Richtung Tremalzo auf dem steilen Plattenweg weiter bergauf. Über einen breiten Forstweg, immer bergauf, erreicht man die ❺ Malga Cà dell'Era. Ein holpriger Weg windet sich nun steil nach oben bis zur ❻ Malga Ciapa (1615 m); ideale Einkehrmöglichkeit. Weiter zum ❼ Rifugio Garda und der Beschilderung „Passo Nota" folgen. Etwa 100 Hm trennen noch vom höchsten Punkt der Tour, der Bocca di Val Marza (1787 m). Gleich nach dem dunkeln Tunnel beginnt die Talfahrt. Die grobe Militärstraße windet sich steil nach unten, vorbei am Passo Pra della Rosa bis zum ❽ Passo Nota/Rifugio degli Alpini (1211 m). Über die Tremalzostraße durch das Valle di Bondo bis nach Vesio abfahren (Achtung, die Straße ist nicht für den Verkehr gesperrt!).

Trail-Variante: Von der Abzweigung unter dem Rifugio degli Alpini – kurzer Gegenanstieg bis Muravalle – auf der holprigen Militärstraße bis zum Ausgangspunkt zurück.

Abfahrt von Tremalzo

2000
1800
1600
1400
1200
1000
800
600
400
0 km
10
20
30
1
3
4
5
6
7
8
1
Asphalt
32 %
Forstweg
68 %

N
CORNO SPEZZATO
1856
1538
1126
Ponte dei Ri
C. SEST
1377
Rif. Garibaldi
1521
Tremalzo
1822
M. TREMALZO
1973
CIMA TIVEI
1522
DOSSO DI PENNALEVER
1132
Passo Prà della Rosa
1445
1523
CORNO
CIMA TUFLUNGO
1708
M. NOTA
1393
Bocca dei Fortini
1243
MONTE C.
P.so dei Gatom
1636
Rif. Guella
1584
Rif. Garda
Rif. degli Alpini
Passo Nota
1211
Rif. Bezzecca
1526
C. AVEZ
1895
1556
1540
CORNO DI MAROGNA
1952
Le Acque
887
1305
M.ga Ciapa
C. DEL DIL
1807
MONTE TRAVERSOLE
1442
C. DEL LEVRÈR
1811
Bocca di Fobia
1286
1300
1304
M.ga Cà dell'Era
C. BUSSA
1522
1387
C. DELLE SCLAPE
1534
CORNA VECCHIA
1415
D.SO D. FAME
1801
P.TA VESINA
1344
C. DEL FRANTONE
1795
1522
LA COLMA
1092
CORNO NERO
1405
1395
1294
Bocchetta di Nansea
P.so della Brosa
1288
1169
Valle di Bondo
C. DELLA SELVA
1278
M. PREALS
886
P. DI CISANO
1423
1364
1266
C. DELLE VOLTE
1422
Campaldo
I Docci
M. ZENONE
1425
Piazzale Angelini
1976
1775
Riserva Naturale Valle di Bondo
DEGARA
Eremo di S. Michele
1272
1046
DALVRA BASSA
919
M. BESTONE
917
Bocchetta Ro
869
C. BUS DE BALI
P.te di S. Michele
CIMA MUGHERA
Vesio
620
948
832
LA COCCA
994
Glera
M. TASCÈ
1184
1199
S. Bartolomeo
C. DEL COSTONE
Villa
1715
1726
Tremosine
CIMA TIGNALGA
1410
Voiandes
592
Voltino
559
S. Antonio
M.ga della Puria
Agriturismo Shop
1374
M. PURIA
1474
Polzone
507
Punta di Cor
M. CASAROLA
1141
Fontana Acquafredda
Priezzo
cm = 700 m
P.so di Scarpape
1242
Sermerio
625
M. NAI
TAPPEINER.

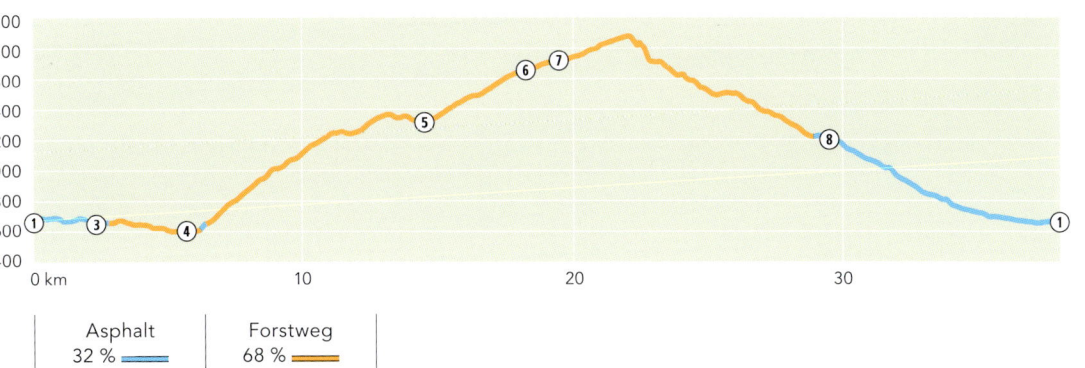

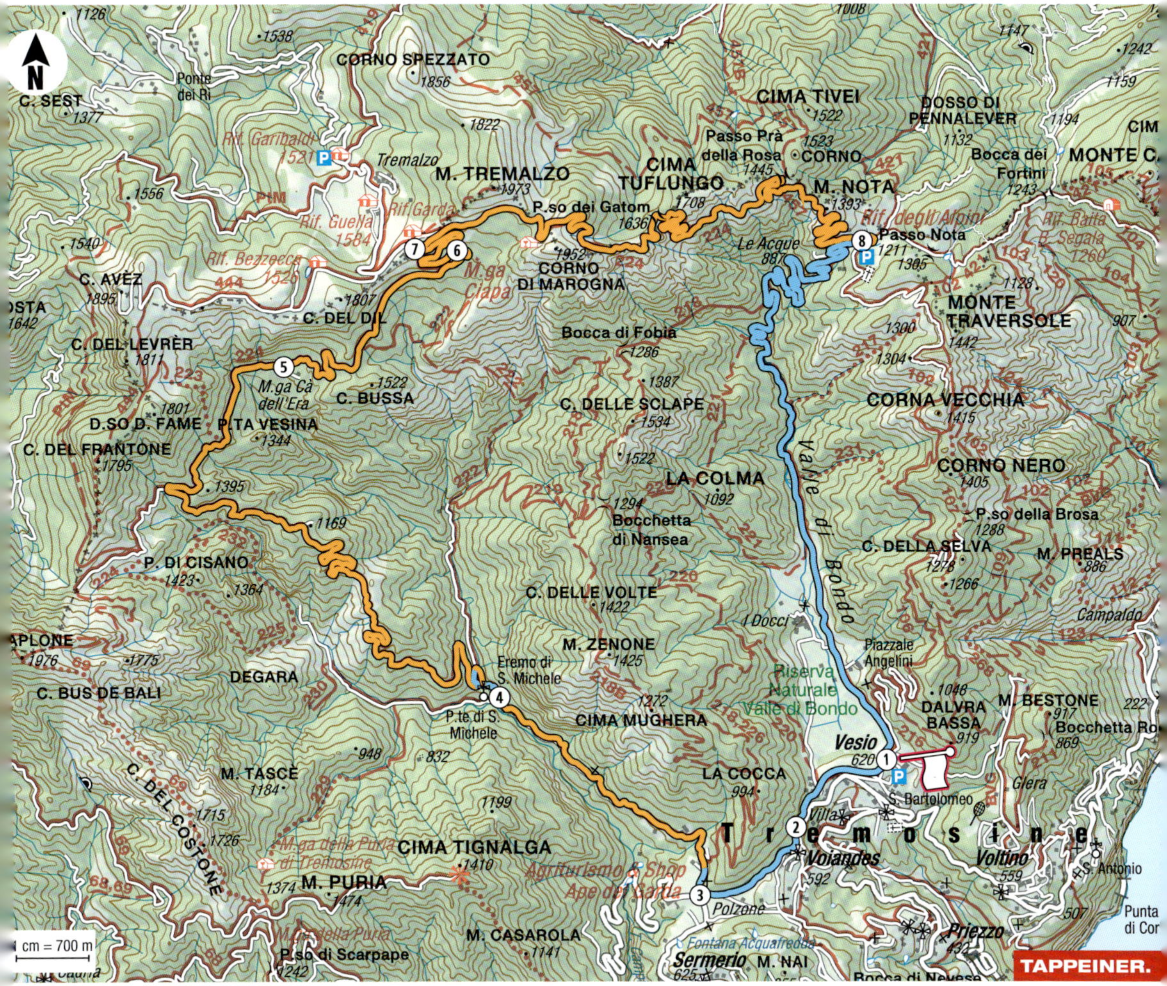

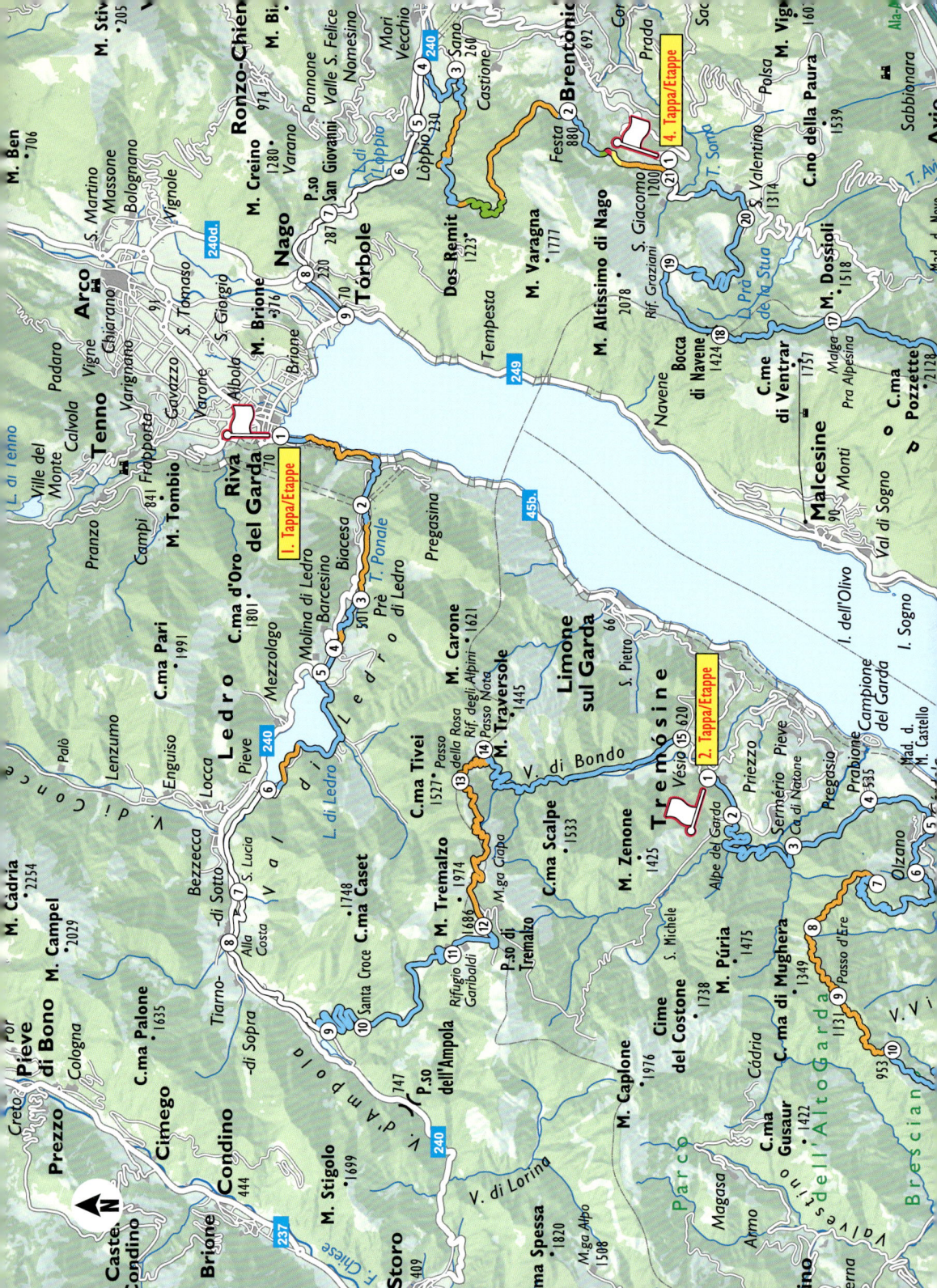

1 cm = 1,5 km

3. Tappa/Etappe

41 GARDASEEUMRUNDUNG – 1. ETAPPE

Start:
Riva del Garda, 70 m

Ziel:
Vesio, 620 m (Tremosine)

Höchster Punkt:
Bocca di Val Marza, 1787 m

Strecke: 53 km

Höhenmeter bergauf: 1900 m

Höhenmeter bergab: 1300 m

Zeit: 5–6 Std.

Schwierigkeit: ●●●●○

Kondition: ●●●●●

Uphill: ●●●○○

Downhill: ●●●●○

Tourenmonate: Mai–September

Kartenmaterial: Kompass, Blatt 690, Alto Garda e Ledro

Anfahrt:
Brennerautobahn A22, Ausfahrt Trento Nord, Sarcatal, Riva del Garda

Brennerautobahn A22, Ausfahrt Rovereto Sud, Mori, Torbole, Riva del Garda

Riva del Garda – Tremosine (Vesio)

Wer die Umrundung des Gardasees in Angriff nehmen möchte, sollte eine gute Kondition, Ausdauer und eine sichere Fahrtechnik mitbringen. Immerhin sind in vier Tagen 186 Kilometer und fast 6000 Höhenmeter zu bewältigen. Notfalls kann man jede Etappe abbrechen und mit der Fähre oder mit den öffentlichen Bussen zum Ausgangspunkt zurückfahren. Die Streckenführung könnte nicht vielseitiger sein. An der östlichen und westlichen Seite des Sees sind viele Anstiege und Abfahrten oft bis zu 30 % steil. Am Ufer des Sees herrscht in den Sommermonaten hektisches Treiben; in der Abgeschiedenheit des Hinterlands findet man aber noch die Ruhe. Die Einstimmung zu diesem Abenteuer beginnt gleich bei der ersten Etappe. Eine lange, anstrengende Bergfahrt bis zum Tremalzo, die wohl bekannteste Mountainbiketour am nördlichen Gardasee. In der Hochsaison verkehrt ein Zubringerdienst bis zum Rifugio Garda: dies erleichtert die Etappe wesentlich, man verpasst allerdings die einmalige Aussicht auf den See. In Vesio, dem ersten Zwischenziel, stehen verschiedene Übernachtungsmöglichkeiten zur Verfügung.

Tourenbeschreibung

Vom Hafen in ❶ Riva del Garda (70 m) folgt man in südlicher Richtung etwa 500 m der „westlichen Gardesana"; kurz vor dem Tunnel beginnt der Aufstieg auf dem „Sentiero del Ponale". Bei der ersten Weggabelung rechts halten (Wegweiser Pre/Molina). Man folgt knapp 2 km der aufgelassenen Zubringerstraße ins Ledrotal bis zur Einmündung in die ❷ SS 240. Auf der Hauptstraße bergauf bis zur Brücke, diese überqueren und rechts auf den steilen Forstweg (auch Radroute) talein weiter (Wegweiser Pre/Molina). Der Beschil-

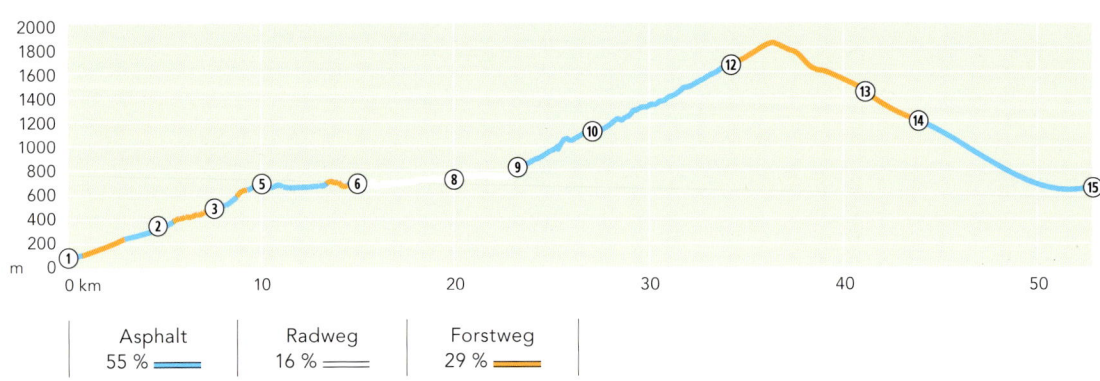

Asphalt	Radweg	Forstweg
55 %	16 %	29 %

derung folgend erreicht man das Dorf **❸** Pre (501 m). Durch die Ortsmitte durch und immer talein bis **❹** Molina di Ledro (640 m). Nach etwa 700 m mündet man in die Hauptstraße nahe dem **❺** Info-Point. Auf der linken Seeseite folgt man der Straße bis zum Hafen von Pieve di Ledro. Nach der kleinen **❻** Steinbrücke links auf der Radroute der Beschilderung Passo Tremalzo folgen zum **❼** Kirchlein S. Lucia (709 m) und zur Ortschaft **❽** Alla Costa (730 m). Der Beschilderung folgend mündet eine sehr steile Nebenstraße in die **❾** SP 127. Bergwärts weiter zur **❿** Kirche Santa Croce, vorbei am **⓫** Rifugio Garibaldi (1519 m) bis zum **⓬** Rifugio Garda/Passo Tremalzo (1686 m). Nach 100 Hm erreicht man den höchsten Punkt dieser Etappe, die Bocca di Val Marza (1787 m). Gleich nach dem dunkeln Tunnel beginnt die Talfahrt. Die grobschottrige Militärstraße windet sich steil nach unten vorbei am **⓭** Passo Pra della Rosa (1446 m) bis zum **⓮** Passo Nota/Rifugio degli Alpini (1211 m). Unterhalb des Rifugio degli Alpini auf der Tremalzostraße durch das Val di Bondo bis zum Zwischenziel nach **⓯** Vesio (620 m) abfahren. Achtung, die Straße ist nicht für den Verkehr gesperrt!

Sentiero del Ponale mit Monte Brione

42 GARDASEEUMRUNDUNG – 2. ETAPPE

Start:
Vesio, 620 m

Ziel:
Toscolano-Maderno, 75 m

Höchster Punkt:
Kurz vor dem Passo d'Ere,
1190 m

Strecke: 46 km

Höhenmeter bergauf: 1300 m

Höhenmeter bergab: 1850 m

Zeit: 5–6 Std.

Schwierigkeit: ●●●○○

Kondition: ●●●●●

Uphill: ●●●○○

Downhill: ●●●●○

Tourenmonate: Mai–September

Kartenmaterial: Kompass, Blatt
694, Parco Alto Garda Bresciano

Anfahrt:
Brennerautobahn A22, Ausfahrt
Trento Nord, Sarcatal, Riva del
Garda

Brennerautobahn A22, Ausfahrt
Rovereto Sud, Mori, Torbole,
Riva del Garda

Vesio (Tremosine) – Toscolano-Maderno

Lange, einsame Tagesetappe mit keinen nennenswerten Schwierigkeiten. Die Route verläuft meist auf asphaltierten Nebenstraßen im Hinterland des westlichen Gardasees. Von Vesio führt eine
schöne Bergstraße bis zur Hochebene von Tignale. Der Strecke
entlang öffnen sich immer wieder Ausblicke auf den tieferliegen-
den See und gegenüber auf den langgezogenen Monte Baldo.
Vom Rifugio Piemp quert ein langer Forstweg dem Bergrücken
entlang; dieser endet schließlich am Passo d'Ere. Von hier aus
kann man an klaren Tagen erst die Größe des Sees erkennen. Vor
der Talfahrt sollte man im Dörfchen Costa noch eine Pause einle-
gen und dessen Ruhe genießen. Am Ausgang des Valle di Costa
beginnt die Talfahrt zum See: in Navazzo wird die Straße zunehmend steiler und mündet schließlich in Toscolano-Maderno, dem
heutigen Tagesziel.

Tipp: Man fährt noch am selben Tag zum Übernachten mit der
Fähre nach Garda (auf Biketransport achten!) oder man entschei-
det sich für die Tour 45.

Tourenbeschreibung

Die 2. Etappe beginnt am Dorfausgang von ❶ Vesio (620 m).
Auf der Hauptstraße SP 38 rechts Richtung Salò abfahren. Bei
der ❷ Bushaltestelle mit dem Bildstock in Polzone Richtung
Salò/Brescia fortfahren. Die Straße führt zuerst steil bergab bis
zum „Torrente Campione", dann wieder bergauf zum Übergang
❸ Ca di Natone (643 m). Immer der Straße folgend erreicht man
das etwas tiefer gelegene Dörfchen ❹ Prabione (535 m). In mäßiger
Steigung gelangt man schließlich auf die Hochebene von Tignale

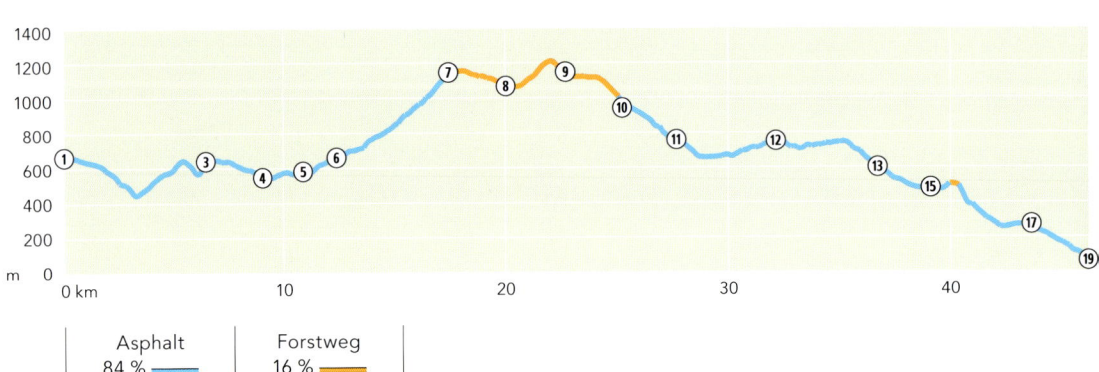

	Asphalt	Forstweg
	84 %	16 %

in der Fraktion **5** Gardola (556 m). Von Gardola immer bergauf bis zur nächsten Ortschaft **6** Olzano (647 m). Der asphaltierten Bergstraße (Weg-Nr. 253/Piemp) bis zum **7** Rifugio Cima Piemp (1160 m) folgen (Wasser gegen Bezahlung). Gleich unter der Hütte rechts, in westlicher Richtung in den Forstweg (Weg-Nr. 261) einfahren. Auf dem schönen, teils flachen Weg bis zum **8** Hubschrauberlandeplatz und dann in mäßiger Steigung bis zum **9** Passo d'Ere (1131 m). Über die steilen Serpentinen talwärts bis zur **10** Bocca del Paolone (953 m) abfahren. Der asphaltierten Straße bis zum Weiler **11** Costa (757 m) bergab folgen (Einkehrmöglichkeit). Vom Dorf zum Talboden abfahren, der Straße bergauf folgend erreicht man nach gut 3 km den Übergang **12** Bocca Magno (754 m), wo die Abfahrt bis Toscolano-Maderno beginnt. Vorbei am Dorf **13** Formaga (588 m) bis zur Einmündung in die **14** SP 9. Rechts der Beschilderung Val Vestino bis nach **15** Navazzo (487 m). Das Dorf durchqueren und links bis zum Ende der Handwerkerzone fahren. Auf einem kurzen betonierten Stück gelangt man zu einer Abzweigung; dem Forstweg, der rotweißen Markierung (Nr. 20), entlang talwärts folgen. Hoch über dem See den Bergrücken querend erreicht man das Dörfchen **16** Cabiana (285 m). In südlicher Richtung, dem Wegweiser Nr. 19 (rot-weiß), bis **17** Gaino (274 m) folgen. Vom Dorfplatz „Piazza Michelangelo" links, talab bis zur Weggabelung, auf der **18** Via Pulciano Gaino bis zum Tagesziel **19** Toscolano-Maderno (75 m). Anschließend fährt man mit der Fähre nach Garda.

43 GARDASEEUMRUNDUNG – 3. ETAPPE

Start:
Garda, 70 m

Ziel:
San Giacomo, 1200 m (Brentonico)

Höchster Punkt:
Rif. Graziani, 1650 m

Strecke: 62 km

Höhenmeter bergauf: 2320 m

Höhenmeter bergab: 1170 m

Zeit: 8–9 Std.

Schwierigkeit: ●●●●●

Kondition: ●●●●●

Uphill: ●●●○○

Downhill: ●●●●●

Tourenmonate: Mai–September

Kartenmaterial: Kompass, Blatt
692, Monte Baldo Sud; Kompass,
Blatt 691, Monte Baldo Nord

Anfahrt:
Brennerautobahn A22, Ausfahrt
Trento Nord, Sarcatal, Riva del
Garda

Brennerautobahn A22, Ausfahrt
Rovereto Sud, Mori, Torbole,
Riva del Garda

Garda – San Giacomo

Für die Königsetappe dieser Gardaseeumrundung muss man
viele Reserven mobilisieren. Zwar verläuft die Route meist auf
asphaltierten Bergstraßen, aber 2320 Höhenmeter bergauf sind
doch eine ganze Menge. Der Forstweg, der vom Parkplatz „Due
Pozze" bis zur Malga Colonei di Caprino führt, wird wohl auf den
kurzen Rampen zum Absteigen zwingen. Hier sollte man noch den
letzten Blick auf den Gardasee abspeichern, dieser verschwin-
det dann bis Nago hinter dem hohen Monte-Baldo-Kamm. Die
vielen Berggasthöfe und Almen sind in den Sommermonaten
geöffnet, man kann dort einkehren und in einigen auch notfalls
übernachten.
Empfohlene Variante: Von Garda mit dem Zubringerdienst Bus &
Bike bis Prada (Haltestelle Ristorante Al Cacciatore). Man gewinnt
so die ersten 18 Kilometer und 900 Höhenmeter.

Tourenbeschreibung

Die lange Auffahrt beginnt am Hafen in ❶ Garda (70 m). Auf der
Via della Madrina – asphaltierte Straße – über Albisano bis nach
❷ San Zeno di Montagna (575 m). Vor der Kirche rechts auf der
steilen Straße Richtung Lumini weiterfahren. Immer bergauf bis
zum Übergang ❸ Sperane (725 m) und leicht talwärts zum Dörfchen ❹ Lumini (695 m). Rechts haltend der schmalen Straße Richtung Prada bis zur Kreuzung vor dem ❺ Hotel Castagneto folgen.
Richtung Prada weiterfahren, vorbei am ❻ Albergo Capriolo bis
zur Abzweigung kurz vor dem Berggasthof ❼ al Cacciatore. Rechts
auf der schmalen Bergstraße (Wegweiser „Fiori del Baldo") gelangt man nach 4,5 km zum Parkplatz von ❽ Due Pozze (1282 m).
Vor dem Parkplatz rechts auf die Forststraße (steile Teilstücke)
bis zur ❾ Malga Colonei di Caprino. Die Route wechselt hier auf
die westliche Seite des Monte Baldo. Den Bergrücken Cresta di
Naole in nördlicher Richtung querend bis zur ❿ Malga Valfredda
(1331 m). Auf der Serpentinenstraße bergab bis zur Alm ⓫ Agritur
Ime (1128 m). Gleich nach dem Agritur links bis zum Militärfriedhof
⓬ Sacrario del Baldo fahren. Erneut bergauf geht's zur Ortschaft
⓭ Il Castello und weiter bis zur Einmündung in die Monte-Baldo-
Straße. Vom ⓮ Ristorante al Cacciatore links der Hauptstraße
folgend zum ⓯ Rifugio Novezzina (1235 m), der ⓰ Malga Novezza
(1425 m) und der ⓱ Malga Pra Alpesina (1467 m). Immer Richtung
Norden gelangt man dann zum Passübergang ⓲ Rifugio Bocca di
Navene (1424 m) und auf der letzten Steigung zum höchsten Punkt
dieser Etappe, das ⓳ Rifugio Graziani (1650 m). Bei der letzten
Talfahrt vorbei an ⓴ San Valentino (1314 m) und zum ersehnten
Tagesziel nach ㉑ San Giacomo (1200 m) ausrollen.

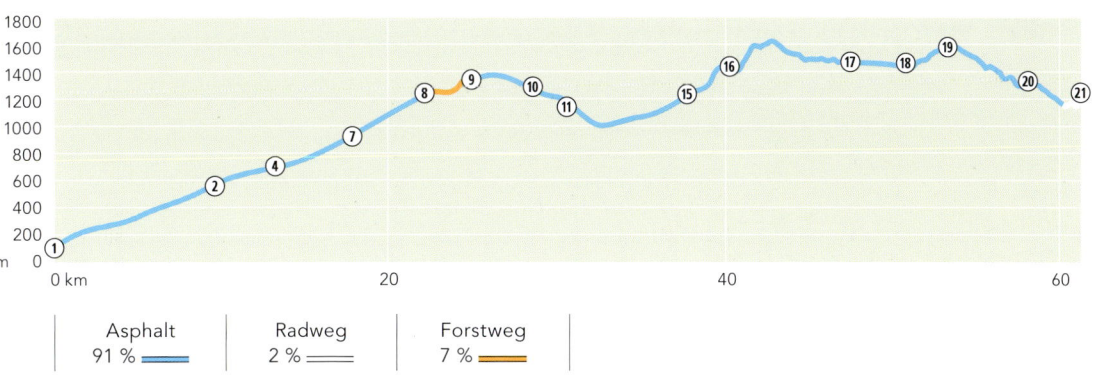

Asphalt	**Radweg**	**Forstweg**	
91 %	2 %	7 %	

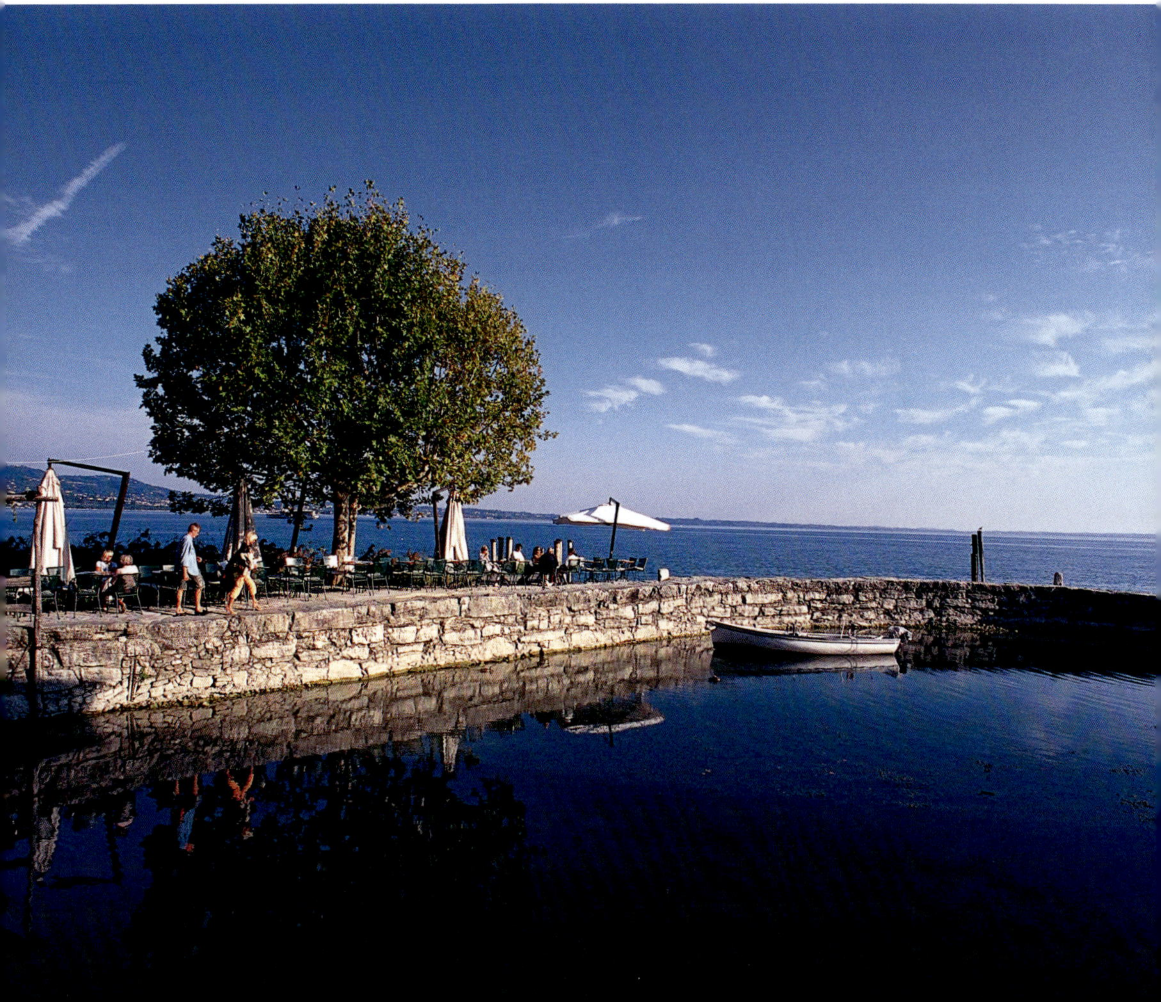

44 GARDASEEUMRUNDUNG – 4. ETAPPE

Start:
San Giacomo, 1200 m

Ziel:
Torbole, 70 m

Höchster Punkt:
San Giacomo, 1200 m

Strecke: 25 km

Höhenmeter bergauf: 300 m

Höhenmeter bergab: 1400 m

Zeit: 3–4 Std.

Schwierigkeit: ●●●○○

Kondition: ●●●○○

Uphill: ●○○○○

Downhill: ●●○○○

Tourenmonate: Mai– September

Kartenmaterial: Kompass, Blatt 691, Monte Baldo Nord

Anfahrt:
Brennerautobahn A22, Ausfahrt Trento Nord, Sarcatal, Riva del Garda

Brennerautobahn A22, Ausfahrt Rovereto Sud, Mori, Torbole, Riva del Garda

San Giacomo – Torbole

Die letzte Etappe bis nach Torbole ist wesentlich kürzer und abfahrtsorientiert. Gefordert wird man nur von zwei kurzen Gegenanstiegen, kurz nach der Ortschaft Festa und wenige Höhenmeter bis zum Passo San Giovanni (287 m). Von San Giacomo und der Strada Brentegana fällt die Straße steil nach unten; einige Abschnitte sind betoniert und das Abfahren erfordert hier eine sichere Bremstechnik. Von Loppio folgt man dem Radweg bis nach Nago, wo sich gleich am Dorfende plötzlich eine atemberaubende Sicht auf den tiefer gelegenen Gardasee öffnet.
Leichtere Variante: Wer die zwei Gegenanstiege meiden möchte kann von Festa nach Brentonico abfahren, um über Castione nach Sano zu gelangen.

Tourenbeschreibung

Vom gleichnamigen Hotel in ❶ San Giacomo (1200 m) bei der Kapelle links halten (Wegweiser Nr. 622) und auf dem Forstweg in nördlicher Richtung bis zur ersten Weggabelung. Geradeaus über die steile Betonrampe talwärts abfahren. Der Beschilderung „Side Trail Altissimo" in die entgegengesetzte Richtung bis Festa folgen (kurze Schiebepassage bergab). Von ❷ Festa (880 m) links auf der MTB-Route Gardabike (Strada Brentegana) wechseln. Bergauf dem schattigen Forstweg (zwei kurze steile Rampen) bis zur ersten Abzweigung folgen. Der Waldweg rechts (Wegweiser „Le Torbiere") führt steil nach unten, abwechselnd auf Waldwegen, Forststraßen und betonierten Rampen gelangt man am Ende zum Dörfchen ❸ Sano (260 m). Im Dorf bei der Bushaltestelle links etwa 1 km der Beschilderung MTB-Gardasee folgen. Nach einer Kehrtwendung gelangt man schließlich auf den ❹ Radweg nach Torbole. Dem Radweg folgend Richtung Gardasee, vorbei an ❺ Loppio (230 m) und dem ❻ Lago di Loppio. Über einige Serpentinen erreicht man den ❼ Passo San Giovanni (287 m), talabwärts weiter bis ❽ Nago (220 m). Bei der Ampel in Nago die Straße überqueren, das Dorf passieren und bei dem Restaurant „Il Fortino" über die steile Nebenstraße bis nach ❾ Torbole (70 m) abfahren. Auf dem Radweg dem Seeufer entlang, erreicht man Riva del Garda, den Ausgangspunkt der gesamten 4-Etappen-Tour.

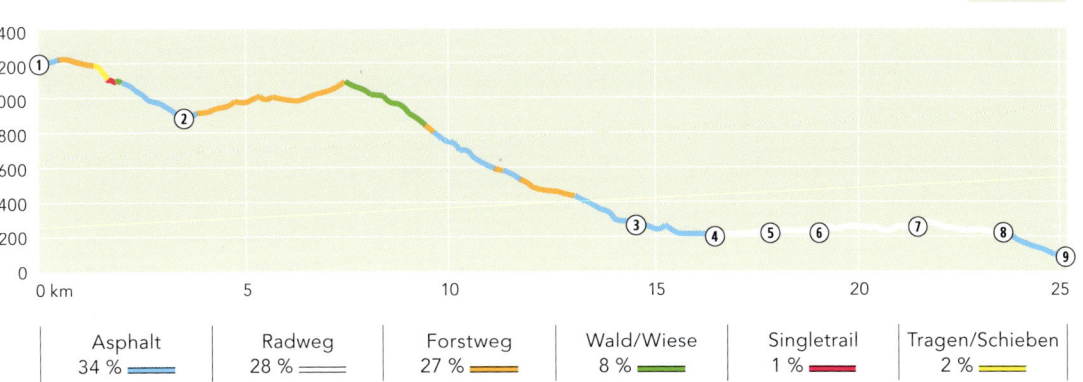

Asphalt	Radweg	Forstweg	Wald/Wiese	Singletrail	Tragen/Schieben
34 %	28 %	27 %	8 %	1 %	2 %

45   RUNDE AM SÜDLICHEN GARDASEE

1. Etappe

Start: Toscolano-Maderno, 86 m
Ziel: Desenzano del Garda, 67 m
Strecke: 42 km
Höhenmeter bergauf: 570 m
Höhenmeter bergab: 530 m
Zeit: 3–4 Std.

Schwierigkeit: ●●○○○
Kondition: ●●○○○
Uphill: ●○○○○
Downhill: ●○○○○
Tourenmonate: April–Oktober
Kartenmaterial: Kompass, Blatt 102, Lago di Garda

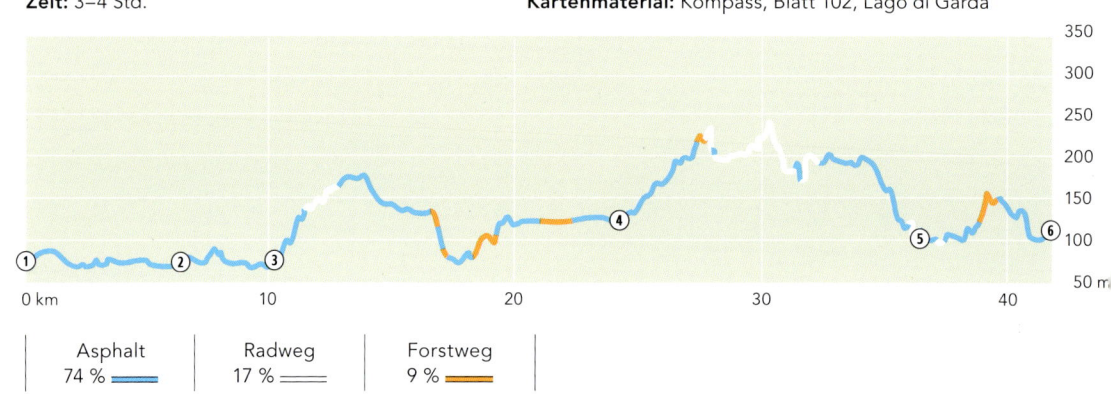

Asphalt	Radweg	Forstweg
74 %	17 %	9 %

2. Etappe

Start: Desenzano del Garda, 67 m
Ziel: Garda, 70 m
Strecke: 55 km
Höhenmeter bergauf: 568 m
Höhenmeter bergab: 650 m
Zeit: 4–4½ Std.

Schwierigkeit: ●●○○○
Kondition: ●●○○○
Uphill: ●○○○○
Downhill: ●○○○○
Tourenmonate: April–Oktober
Kartenmaterial: Kompass, Blatt 102, Lago di Garda

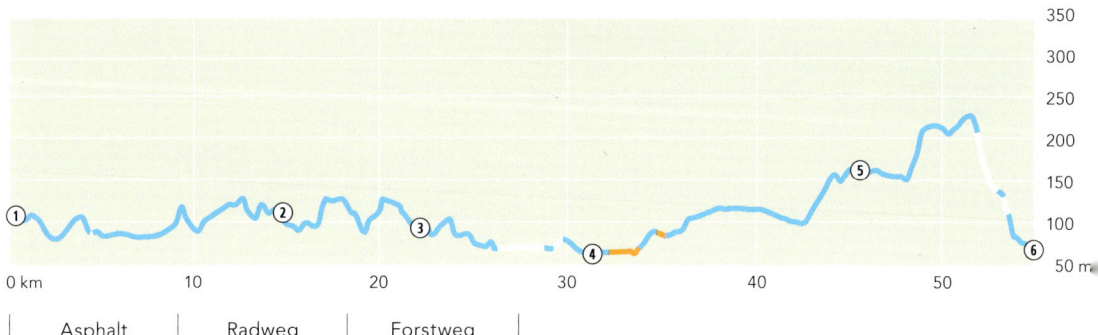

Asphalt	Radweg	Forstweg
87 %	9 %	4 %

Toscolano-Maderno

Takivillage ★★★

Das Hotelteam bietet Ihnen wertvolle Mountainbike-Tipps und Ratschläge für individuelle Touren. Nach Ihrer Bike-Tour können Sie sich in Ihrem Zimmer mit Seeblick direkt am Strand oder im See-Restaurant beim Genuss typischer Gerichte der regionalen Küche entspannen. Wir bieten eigens geschnürte Angebotspakete für Biker mit geführten Touren sowie dem neuen Downhill-Parcours von San Zeno Prada. Das Hotel verfügt zusätzlich über eine Kite-, Surf- und Katamaran-Schule, einen Anlegesteg, zwei Schwimmbäder im Olivenhain sowie Tennisplätze. Die Anlage verfügt über 20 Zimmer direkt am Strand sowie 30 Apartments im Olivenhain. Es stehen Zimmer/Apartments für 2 bis 7 Personen zur Verfügung.

Via Dante Alighieri 4
I-37010 Brenzone sul Garda (VR)
Tel. +39 045 7430035 – Fax +39 045 7430154
info@pec.takivillage.com – www.takivillage.com
Geöffnet: von April bis Oktober

Cantina Hosteria & Selling Point Toblino, 260 m

Unsere Hosteria: eine „H"ochwertige „Osteria".

Treffpunkt und Gaststätte mit guter Küche zum richtigen Preis. Eine typische Trentiner „Osteria", aber nicht nur: Sie umfasst auch einen Delikatessenshop mit einem breiten und erlesenen Feinkostangebot.

Weinbar mit geführten Verkostungen, Enoteca und Grappoteca, Weinhandlung mit Auswahl an Weinen der Toblino-Kellerei, Weinrestaurant, etc.

Fahrradparkplatz und Lieferservice Ihrer Einkäufe ins Hotel.

Via Garda, 3
I-38072 Sarche di Calavino (TN)
Tel. +39 0461 561113
hosteria@toblino.it
www.hosteriatoblino.it

Ganzjährig geöffnet.
Ruhetag: Sonntagabend und Montag

Landgasthof & Shop Alpe del Garda

Die im Herzen des Naturparks Alto Garda Bresciano tätige Genossenschaft sammelt die auf den Höfen und Almen ihrer Mitglieder produzierte Milch und verarbeitet sie zu typischen Käsesorten der Gegend, darunter Formagella, Tremosine und Garda, die sich aufgrund ihrer besonderen Geschmackseigenschaften bei Feinschmeckern größter Beliebtheit erfreuen. Außerdem stellt die Genossenschaft Frischkäse, Naturjoghurt, Speiseeis und Ricotta sowie Wurst- und Fleischwaren her. Die Käserei in der Via Provinciale 1 bietet neben den Erzeugnissen der Genossenschaft auch Öl, Weine, Marmeladen und viele weitere typische Produkte der Region zur Verkostung und zum Verkauf an. Sie ist von Ostern bis Mitte Oktober täglich von 9 bis 19 Uhr geöffnet.
Im Landgasthof gleich nebenan werden hausgemachte lokale Spezialitäten aufgetischt, darunter „Polenta cusa" mit hiesigem Käse, Tortelloni mit Käse sowie leckere Grillplatten. Der Gasthof verfügt außerdem über einen großen Spielplatz für die kleinen Gäste.

Via Provinciale 1
I-25010 Località Polzone – Tremosine (BS)
45°46'55.2" N 10°43'18.1"E
Tel. +39 036 5953050 – Fax +39 036 5953181
info@alpedelgarda.it
www.alpedelgarda.it
Geöffnet: von Ostern bis Mitte Oktober

Landgasthof Malga Ciapa

Der Landgasthof mit Restaurant und Übernachtungsmöglichkeit liegt inmitten der sonnenverwöhnten Almweiden von Tremalzo und steht für erholsamen Bergurlaub in einem der schönsten Gebiete des Naturparks Alto Garda Bresciano. Neben den Erzeugnissen der Genossenschaft Alpe del Garda und allerhand Köstlichkeiten mit Kräutern und Obst der Saison bietet die Küche Wildgerichte mit Pilzen aus den umliegenden Wäldern.

Località Tremalzo
I-25010 Tremosine (BS)
45°50'10.9" N 10°41'41.2"E
Tel. +39 0464 598501
agriturmalgaciapa@alpedelgarda.it
Geöffnet: von 1. Juni bis 30. September

Riva del Garda

Hinweis

Alle Angaben in diesem MTB-Guide wurden vom Autor sorgfältig recherchiert. Sollten Sie bei Ihren Touren dennoch Unstimmigkeiten bemerken, nimmt der Verlag Ihre Hinweise gerne entgegen (buchverlag@athesia.it). Die Benutzung dieses Führers erfolgt auf eigenes Risiko. Eine Haftung für etwaige Unfälle und Schäden wird weder vom Autor noch vom Verlag übernommen.

Titelbild
Biker oberhalb von Limone; ronnykiaulehn.com

Bildnachweis
Athesia-Tappeiner Verlag, ronnykiaulehn.com, Mauro Tumler sowie Bilder aus dem Privatbesitz der Inserenten

2017 · Zweite Auflage
Alle Rechte vorbehalten
© by Athesia AG, Bozen (2015)
Kartografie: Athesia-Tappeiner Verlag
Design & Layout: Athesia-Tappeiner Verlag
Druck: Athesia Druck, Bozen

ISBN 978-88-7073-810-0

www.athesiabuch.it
buchverlag@athesia.it

TAPPEINER